東方夢　西方夢解

周季元 著

看東西方如何解讀夢的訊號，
從周公到佛洛伊德

同一場夢，兩種文明的不同理解！
夢的語言變了，但是人的好奇從未改變
人類最早的神諭，也是最深的心理線索

東方追問命運，西方追尋自我
閉上眼睛，進入屬於你的夢境之旅

目 錄

第一章
夢是什麼：從神諭到潛意識的對照思維　　　　　　　　005

第二章
夢的起源：是神靈提示還是情緒反射？　　　　　　　　039

第三章
夢中的人：親人、貴人與陌生人象徵誰？　　　　　　　069

第四章
夢中出現的動物與物品：象徵誰？暗示什麼？　　　　　097

第五章
恐懼、災難與死亡夢：內心的聲音還是外在預兆？　　　131

第六章
夢中的愛與性：慾望、關係與文化壓力　　　　　　　　163

第七章
神明與靈界：夢中「超自然」的文化對話　　　　　　　195

第八章
夢如何說話？象徵的系統差異　　　　　　　　　　　　229

目錄

第九章
怎麼解夢？東西方的方法與工具　　　　　　　　259

第十章
夢的價值：命運、療癒與自我認識　　　　　　　291

第一章
夢是什麼：從神諭到潛意識的對照思維

第一章　夢是什麼：從神諭到潛意識的對照思維

第一節　為什麼人類會夢？文化起點的不同假設

夢，幾乎是每個人都經歷過，卻難以全然理解的現象。無論是古代文明的巫師、近代心理學的學者，還是現代的你我，對夢的好奇始終未曾減弱。當人類閉上眼睛、進入睡眠之境時，腦中卻似乎進入了另一個世界，這個世界的邏輯、時間感、空間感與現實大相徑庭，卻又能喚起真實的情感波動。

那麼，人為什麼會做夢？東方與西方對這個問題，從起點開始，就各自踏上了截然不同的理解路徑。

東方視角：夢是天人感應的一環

在東方古代文化中，夢與天地運行、陰陽變化、祖靈神明之間有著密不可分的關連。夢是一種外來訊息的接收，是天道或神靈透過夢境向人傳達旨意的方式。

在傳統漢文化中，夢被視為「上天給人的警示」或「預兆」的一種形式。人夢見某些象徵事物，往往被解釋為將來會有某種事件發生，無論是吉是凶，都蘊含了命運的訊息。這種觀點延伸出如《周公解夢》這類分類式夢典，其背後邏輯建立在「萬物有象」、「象徵有意」的宇宙觀之上。

更進一步，在東方的部分傳統中，夢甚至被當作靈魂暫時離開身體、遊歷陰陽兩界的通道。這種觀點認為夢中見人、見鬼、見異境，皆可能是靈體的真實經驗，而非單純幻想。人夢見亡者、神靈、異象，往往被當作一種神聖的召喚或警訊。

也正因此，古人遇到不尋常之夢，常常會向道士、和尚、占夢者求

解，期待從中理解命運的轉折點。夢是「宇宙與人」之間一種感應交流的方式。這種文化基礎，使得東方對夢的態度偏向敬畏而非掌控。

西方視角：夢是內在心靈的反射鏡

與東方強調天人感應相對，西方則將夢視為「心理現象」，並以個體內在為重點來解釋它的發生與內容。

最具代表性的，是西方心理學中的精神分析學派，它將夢視為潛意識的投影。人們在日常生活中壓抑的欲望、恐懼、創傷，在夢中尋得出口。夢境的邏輯是來自心靈深層的結構運作。

西格蒙德‧佛洛伊德（Sigmund Freud）認為夢是「被壓抑欲望的實現」，它是潛意識的語言，一種象徵性的轉化方式。夢中發生的荒誕或怪異事件，背後都藏有日常生活中無法表達的衝動與需求。在這樣的理論中，「做夢」變成了解剖內心的重要線索。

卡爾‧榮格（Carl Jung）則進一步指出，夢不僅與個體潛意識相關，還連結到「集體潛意識」—— 人類共享的原型與象徵。他將夢視為「心靈自我調節系統」，協助個體整合無意識與意識之間的衝突。夢中的角色與情境，其實是心靈為了解決某些心理矛盾而設計的象徵舞臺。

這些觀點奠定了西方現代解夢理論的心理學根基，使得「做夢」不再是神的指示或命運之聲，而是解開內在情緒與經驗的密碼。

不同的出發點，創造不同的解夢文化

東方視夢為「外來訊息」的延伸，西方視夢為「內在世界」的表現，這種基本假設的差異，導致了兩種完全不同的解夢文化。

東方以「象徵比對」為主，如夢見蛇可能與「轉運」、「小人」、「陰」有關；而西方則著重「象徵轉譯」，如夢見蛇可能代表性壓抑、潛能喚醒、危險信號等。兩者雖然都會談象徵，但象徵的依據不同 —— 前者依天象與五行關連，後者依心理與文化經驗。

此外，東方的夢被放置在倫理與社會秩序中，如夢見貴人可能是「升遷之兆」、夢見死者可能是「託夢報恩」；而西方則放入個體心理與生命階段的脈絡中，如夢見父親可能代表權威議題、夢見墜落可能反映自我控制感喪失。

東方的夢文化強調「外部解釋」與「群體參照」；西方則鼓勵「個人探索」與「自由聯想」。

夢的「真實性」認定差異

東方認為夢可能是真實的訊息，是靈界的一種介入，所以有「夢中託夢」、「夢境驗證」等說法。而西方則傾向將夢歸入主觀經驗，不具外在事實基礎，更注重其象徵性與心理功能。

這也讓東方民間對夢具有更多實際行動上的反應，例如「夢到祖先來要東西就要燒紙錢」、「夢見蛇要小心身邊人」、「夢見死人要去廟裡拜拜」等；而西方人則可能會記錄夢境、請心理諮商師協助釋夢，或是進行清醒夢訓練等方式來理解與應用夢的內容。

夢的功能定位差異

東方重視夢的預警與命運導引功能，認為夢可預知災福、補足現實未見之處，甚至作為行動參考依據；西方則視夢為情緒平衡、內在衝突解放、自我整合的管道，更貼近治療與自我探索的目的。

東方解夢更像是「命理系統」的延伸；西方解夢則更像是「心理系統」的延伸。

夢的文化起點，決定了解釋方式

夢到底是誰的語言？是天地神明的語言，還是心靈深處的回聲？東方與西方分別選擇了不同的起點，也展開了兩條完全不同的解夢道路。理解這一點，是理解夢的文化觀差異的第一步。

第一章　夢是什麼：從神諭到潛意識的對照思維

第二節　東方的夢是天地感應，西方是心理活動

夢的詮釋，總是根植於一個文化所相信的「世界是怎麼運作的」這個根本信念。東方與西方對夢的理解，其實反映的是更深層的世界觀與人生觀。

東方：人是宇宙的一部分，夢是天地運行的回響

東方文化強調「天人合一」，認為人類的情緒、行為乃至夢境，皆與自然變化、五行陰陽、祖靈之意密切相關。這是一種將人視為整體宇宙秩序中一環的思維，因此夢境的出現，不被視為個體內在情緒的自發活動，而是天地秩序運作下的現象。

夢成為了一種「象徵性語言」，透過夢中出現的物象、人物、情節，來反映天命、吉凶，或來自祖靈神明的警訊。在這樣的觀念中，個人對夢的理解能力有限，必須借助「解夢者」、「占夢書」等第三方權威，才能通達夢中語言。

這也使得東方夢的文化實踐，偏向以「夢典比對」、「象徵轉換」、「吉凶推論」為主。夢境是天地訊號的表徵，需要依附特定文化的象徵系統來解讀。

西方：人是心理結構的集合，夢是內在活動的映射

相較之下，西方文化自文藝復興以來轉向強調「個體意識」，認為人的內在世界具有主動性與深度。這讓夢從「神的語言」轉變為「心靈的語言」。

心理學發展進程中，夢被逐漸定位為反映潛意識、情緒壓力、創傷記憶的出口。夢的內容可能看似荒誕，但其實有特定的心理邏輯與象徵結構。

第二節　東方的夢是天地感應，西方是心理活動

西方強調的是「主觀經驗的意義建構」，因此夢的解析方式常採取「自由聯想」、「個人語境」、「心理原型」等方式來還原夢的真意。

這種視角下，夢境來自內部的動態。夢反映的是情感張力、性格衝突、壓力調節、創造欲望等多元心理層面。

誰在主導夢的產生？

東方認為夢由天地、祖靈、氣機、陰陽變化所致，人的角色是「接收者」；西方則認為夢由潛意識、自我與無意識的互動產生，人的角色是「創造者」。

這讓夢在東方文化中較偏向「宿命論」——你夢到了，就代表某事會發生；而在西方文化中則偏向「動力論」——你之所以夢到，是因為內在有尚未被處理的衝突或需求。

解夢的權威歸屬不同

東方解夢多依賴外部「夢典」、命理師、僧道等傳統知識持有者進行判讀，是一種「他者導向」；西方則強調當事人自己的感受與聯想，強調「自我導向」與「心理歷程」。

這也讓東方夢文化傾向將夢作為「判斷吉凶」的工具，而西方則更關心夢如何幫助一個人理解自己。

一個天地的符碼，一個內心的密碼

東方與西方對夢的基本理解分別從「天地感應」與「心理活動」出發，一個關心夢象來自哪裡、一個關心夢象說明了什麼。這場看似小小的夜間劇場，背後其實承載著兩種文化宇宙觀的縮影。

第一章　夢是什麼：從神諭到潛意識的對照思維

第三節　夢在古代的社會角色與現代心理功能

　　夢的意義不僅限於個人的睡眠經驗，更在於它在不同時代中被賦予的社會功能與文化角色。從古代到現代，夢境的地位雖然隨著知識體系的轉變而有所變化，但它始終都是人類用來理解世界與自身的重要工具。

古代東方：夢作為神意與政治指導的工具

　　在東方古代社會中，夢不僅是個人經驗的延伸，更與王權、宗教、歷史紀錄緊密相連。帝王夢見吉兆或怪異現象，往往被視為天命的展現，進而用來正當化政權、頒布法令，甚至發動戰爭。

　　古代帝王若夢見日蝕或龍蛇等神獸，便會召集占夢師解釋其意，並依夢境內容調整國政方向，如祭天、減刑、施惠於民，以回應所謂的天意。這說明夢在古代是一種與「天命系統」相連的文化工具。

　　此外，夢也是家族祖靈與後人對話的媒介。在喪葬文化中，若死者夢中託夢，會被視為未竟之願或神靈訊號，促使後人完成某項儀式或補償行動。這些夢境成為家庭倫理與祖靈信仰的一部分，深深內化在民間生活中。

古代西方：夢作為神諭、戰爭與醫療的參考

　　古希臘與古羅馬文化中，夢同樣被視為神的訊息傳遞方式。在荷馬史詩或歷史文獻中，神明透過夢境向人類傳達旨意，指引他們戰爭、遷徙、治病或避難。

　　例如亞歷山大大帝與許多羅馬將領，在重大軍事決策前都曾依賴夢

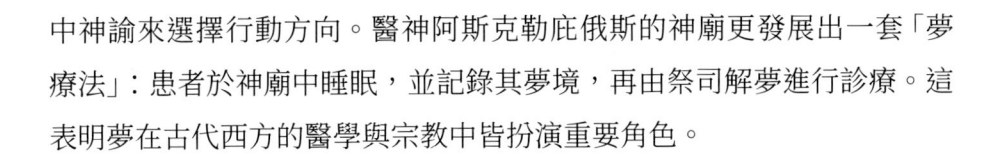

中神諭來選擇行動方向。醫神阿斯克勒庇俄斯的神廟更發展出一套「夢療法」：患者於神廟中睡眠，並記錄其夢境，再由祭司解夢進行診療。這表明夢在古代西方的醫學與宗教中皆扮演重要角色。

社會結構中的夢：集體信仰與群體行動的驅動力

無論東西方，夢在古代皆具有集體性。它不只是個體私密的經驗，更是整體社會運作的一部分。夢被公開記錄、集體解釋，甚至被納入歷史文本與宗教儀典，具有高度的社會功能。

夢的詮釋者往往是特定階層——祭司、道士、術士或哲人——他們掌握了夢的話語權，進而影響民眾的信仰與行為。這使夢成為維繫社會秩序與權力結構的一環。

現代轉向：夢從公共儀式走向個體心理

進入現代後，隨著心理學興起，夢的地位開始轉變。它不再只是一種外部神意的承載工具，而成為了個體心理活動的反映。

現代心理學認為夢是潛意識的語言，是內在壓力、欲望、創傷與思緒的自我表達。例如人在焦慮狀態下常會夢見追逐、墜落等象徵危機的畫面，這些夢境成為理解情緒與人格狀態的線索。

夢的功能也被認為具有「情緒整合」、「記憶重組」、「創造性激發」等心理意義，對心理治療與自我認識有實際貢獻。在某些療程中，記錄與分析夢境甚至是重要的治療步驟。

當代應用：夢作為個人經驗的探索工具

在今日社會，夢被賦予更多個體化與實用性的角色。從日常夢境筆記、清醒夢訓練，到藝術創作與夢中冥想，夢已從神祕語言轉化為個人發展的一部分。

它仍可具有象徵意義，但這種象徵不再是統一而絕對的吉凶符號，而是每個人心理脈絡下的專屬訊息。這也讓夢的詮釋進入一種去中心化、多元開放的時代。

古代的夢，是社會神經系統的一部分，維繫秩序、反映天命；現代的夢，是心理地圖的一環，顯露內心、啟動療癒。從神諭到自省，夢的角色雖然轉變，但其重要性從未被遺忘。

第四節　神啟與腦波：夢的本質思考模式比較

夢的本質究竟是什麼？是來自神明的啟示，還是腦神經運作的副產品？東西方文化對夢的理解，不僅分歧於功能與象徵，更根本地建構於對「夢是如何產生的」這一問題的回答上。這一節將從神學與科學的角度，對照夢的生成本質與其思維邏輯。

東方：以感應為核心的神啟系統

東方傳統將夢視為天、地、人之間感應互動的產物。夢是宇宙秩序或祖靈神明介入人間的具體方式。

這種思維深植於「氣」、「陰陽」、「五行」等觀念之中。夢被視為身體氣機與天地氣場互動後的結果。舉例來說，夢見火災可能與火行之氣盛有關，夢見雨水可能象徵陰氣過盛或調和之象。這些觀念構成一個以「象」、「氣」、「兆」為核心的詮釋體系。

此外，「託夢」也體現出夢的神啟屬性。祖先、亡靈、神明皆可在夢中現身傳訊，無論是指引行為、警示災禍，或傳遞恩怨，皆非虛構之事，而是超自然世界介入現實的管道。特別是在道教與民間信仰中，夢的角色往往與宗教儀式緊密相連。

夢的真實性，在東方被假設為「來自更高層次存在」的認知機制。這種假設促成了解夢的集體文化氛圍：夢不僅是個人經驗，更是整體社會與宇宙秩序的一種交流。

第一章　夢是什麼：從神諭到潛意識的對照思維

西方：以機制為基礎的神經系統運作

與東方偏向「神意外來說」相對，西方的夢觀根基於科學與心理學的演進。自十九世紀末起，夢被逐漸視為腦部生理與心理活動的產物。這個觀點在精神分析、行為主義與神經科學的交織中，漸趨穩固。

睡眠研究指出，人在快速動眼期（REM）進入夢境時，大腦皮質活動與清醒狀態相似，但前額葉功能受限，導致夢境內容缺乏邏輯卻情感鮮明。夢的產生，被視為是大腦在重整記憶、處理情緒與資訊時的副產品。

舉例來說，若人在白天受到挫折，夢境可能會以象徵方式呈現相似情境──被追、摔落、遺失物品等。這些夢的內容雖看似荒誕，卻深藏著真實的心理語義。

神經科學家亦提出「激活－合成理論」，認為夢是大腦皮質在隨機接收腦幹刺激後，試圖為這些無秩序訊號賦予敘事意義的過程。夢因此不具任何外在目的，而是人腦主動編排片段資訊的產物。

象徵系統的源頭：外在召喚與內在創作

雖然東西方都承認夢具有象徵性，但其象徵的「出處」卻截然不同。東方象徵多半根據歷史文化中的吉凶概念而來：蛇是陰性之物、龍是帝王象徵、水災為不祥徵兆。這些象徵源於長期文化累積與集體記憶，個人夢境只是喚起集體象徵的一種催化劑。

而西方象徵則偏重個人經驗與心理投射，夢中之蛇可能代表壓抑的欲望，也可能是內在能量的轉化。象徵並非固定的符號表，它們隨著心理歷程發展。這促使西方夢解析傾向使用「自由聯想」法，由夢者自己拆解夢中每個物件與角色的可能意涵。

第四節　神啟與腦波：夢的本質思考模式比較

　　這種差異導致了兩種完全不同的解夢方式：東方用圖鑑與詞典式方式分類夢象與命運之關連；西方則以歷程導向分析個案脈絡與潛意識連結。前者講求象徵與社會的連動，後者講求象徵與內在的映照。

超自然 vs 超個人：對夢境價值的詮釋分野

　　東方的夢觀，延續古代世界觀，傾向將夢解釋為神靈介入現實的方式。這使得夢境常與「預兆」、「補償」、「警示」等詞彙綁定。做夢者如同接收天意之器，其任務是「聽懂夢的語言」。

　　西方的夢觀，特別在心理學與存在主義的影響下，轉向「自我對話」的視角。夢是個體探索潛能、自我轉化的重要契機。即使出現神祕元素，如異界生物、亡靈，或是啟示性角色，也被視為「內在原型」的心理顯現，而非真有靈異現象。

　　這讓西方夢境呈現一種「超個人」（transpersonal）的特質：夢可以觸及靈魂深處，協助個體完成心理成長，但是其來源與意義，仍被視為自我內建的心理機制。

科技觀測與經驗直覺的交鋒

　　現代科學已能透過腦波儀、睡眠監控、神經影像技術精確記錄人做夢時的腦部反應。而東方的夢理解，仍多依賴對夢象的經驗累積與文化傳承。兩者在方法論上的對照，呈現了「客觀量測」與「主觀詮釋」的文化張力。

　　例如，同樣是夢見亡人，東方可能根據節氣、夢中行為與語言內容判定是否為冥界召喚；西方則會引導夢者回憶與亡者的情感連結，探討是否有未完成的哀傷歷程。這說明夢雖具普遍性，但其被理解與使用的方式，仍深深受到文化背景影響。

第一章　夢是什麼：從神諭到潛意識的對照思維

從宇宙感應到神經邏輯的思維躍遷

東方相信夢是宇宙與人的互動訊號，西方則視夢為腦內邏輯的結果。一個仰望星辰與祖靈，一個俯瞰腦電與情緒。兩種思考模式，都在努力回答同一個問題：夢，是怎麼來的？

這場思維上的分野，不只是科學與信仰的對話，更是文化宇宙觀的選擇。東方認為「人是天地間的接收器」，西方相信「人是情緒與記憶的建構者」。夢的本質，也就在這兩者之間，不斷被我們重新想像與定義。

第五節　東方信仰中的夢與祖靈、神明的關係

在東方文化中，夢從來不只是睡眠中的現象，更是一種橫跨人世與靈界的溝通方式。自古以來，東方信仰強調天地人三才的互感互通，夢被視為人與神明、祖靈之間重要的媒介。本節將深入探討夢如何在東方宗教與民間信仰中擔任訊息通道，並成為判定命運、儀式與倫理關係的關鍵角色。

託夢：祖靈與後代之間的精神橋梁

「託夢」是東方民間信仰中極為常見的概念，特別在華人文化體系中廣泛存在。所謂託夢，即指亡者、祖先或神靈透過夢境傳達訊息，要求子孫完成某種行動、警示災禍，或是表達未盡心願。

在喪葬禮俗中，託夢被視為祖靈尚有牽掛的證據。若亡者夢中啟示「未入土為安」、「有冤未雪」、「物品未還」等情節，便會促使家屬進行補償、補祭，或是清理糾紛。這種夢被社會接受為祖靈實質介入人世的表現。

更進一步，託夢也常被用來確認輪迴轉世的線索。例如某位孩童夢中詳述其前世父母或居所，便可能被視為靈魂轉生的證據。這類夢境的社會功能在於穩定親屬間的倫理結構，使祖靈信仰得以代代延續。

神明降夢：神諭系統的日常化運作

除了祖靈之外，神明在東方信仰中也被認為會透過夢境傳達指令或顯化存在。這類夢的內容可能包括保佑、指示、懲戒或祝福。

第一章　夢是什麼：從神諭到潛意識的對照思維

在道教與臺灣民間信仰中，媽祖、關公、城隍、王爺等地方神靈常常「託夢」給信徒，指示神像何時進香、廟會如何舉辦、是否接受某人為乩童等。這些夢境的內容往往成為信徒與廟方決策的依據，甚至被記錄於廟誌之中，作為信仰見證。

降夢不只是信仰的附屬現象，更是宗教實踐中被正式制度化的一部分。例如某些道教科儀會特意設計「靜坐」的求夢儀式，讓人透過靜心、清潔身體、焚香祈禱來迎接神夢。這說明夢不只是被動的現象，也可以透過儀式主動召喚。

夢的判別：靈驗與虛幻的邊界

在東方信仰體系中，夢的種類並非一體適用，而有著複雜的分類標準。一般可分為「真夢」、「妄夢」、「病夢」、「神夢」與「魂遊夢」等，每一類都有不同的詮釋方式。

「真夢」被視為來自靈界的真實訊息，需嚴肅對待；「妄夢」則是日有所思，夜有所夢的虛幻；「病夢」可能源自身體失衡、發熱、氣虛所致；「魂遊夢」則指靈魂在睡夢中離體前往陰陽兩界。

傳統信仰會依據夢境中的清晰度、情緒感受、符號強度與重複頻率來判定夢的性質。若夢中語言精確、人物真實、反覆出現同樣訊息，便容易被歸類為神明或祖靈傳遞的「真夢」。

這種判別方式是一套文化內嵌的分類系統，也形成了解夢者的「知識權威」──廟公、道士、占夢師等人能依據這些指標幫助信徒釐清夢的來源與應對之道。

夢的倫理功能：從個體安撫到社會規訓

在東方社會中，夢的宗教角色常延伸至倫理實踐。夢中祖靈訓斥子孫不孝、夢中神明要求償還供品、夢中遭到天譴，皆具有強烈的倫理教育意味。

這些夢境在潛移默化中塑造社會規範，使個人行為受到信仰監督，即便未被旁人看見，也會因「祖靈在夢中知道」而心生敬畏。夢因此扮演了類似「內在宗教法庭」的角色，使信仰內化為生活規律。

更深層的倫理功能則體現在人我關係的修補上，例如夢見已逝親人笑容安詳，常被詮釋為亡者已得安息，夢者也得以釋懷；夢見亡者流淚、寒冷或憂傷，則催促夢者前往超渡、祭拜，完成心理與儀式上的修補。

祖靈與夢的空間邏輯：陰陽交界之所

東方信仰不僅賦予夢象徵性，也賦予夢以「空間位置」的意義。夢境被視為人魂進入陰陽交界之地的體驗，夢中所見是進入另一個空間層次後的所見所聞。

在這種觀點下，夢是一種「異次元旅程」，祖靈可在夢中引導夢者參訪陰間、觀看未來、接受懲戒或祝福。此種空間觀念與西方心理式象徵空間截然不同，更具實體感與真實性。

因此夢境中的「門」、「橋」、「河流」、「古宅」等意象，在東方信仰中常常被視為實際存在於陰間世界的指標，並對應著陰宅、輪迴入口、地獄關卡等概念。

第一章　夢是什麼：從神諭到潛意識的對照思維

夢的持續性與神靈關係的經營

夢在東方信仰中並非一次性的事件，而是一種可以持續與神明、祖靈維繫關係的管道。有些信徒甚至會記錄夢境內容、標註時間、分析吉凶，作為與神靈互動的記錄工具。

特定人士，如乩童、道長，甚至將夢視為神職養成過程的一部分。他們透過夢境接受神明挑選、傳授咒語、引導實踐，在夢與現實的邊界建立一套屬於神靈語言的學習路徑。

這種與神靈之間的夢中關係不僅個人化，也有集體化的面向。例如宗教團體內部會討論「共夢」（多人有相同夢境）現象，視為神明有重大託付，需共同回應。

夢，是信仰系統中的神聖連結工具

在東方信仰裡，夢是一種具有倫理、宗教、社會與空間層面的神聖系統。它連結了祖靈與後代、神明與信徒、個人與儀式、陰間與人間。透過夢，信仰成為日常生活的一部分，而神靈則以柔性的方式進入人心深處，引導行為、釋放情緒、維繫秩序。

東方夢觀的核心，在於它賦予夢境一種超越現實、牽引信仰的能量。它是神諭的形式、倫理的工具，也是亡靈與生者之間不斷對話的管道。

第六節　東方以類比推導，西方以心理機制拆解

東西方文化對夢的解讀邏輯，實則源自兩套不同的思考模式。東方傾向透過類比與象徵進行推導，視夢境為宇宙與個體之間互動的縮影；西方則傾向以心理機制來拆解夢的成因與意涵，認為夢是內在心理活動的延伸與反映。本節將深入對照這兩種思考方式在夢境解析上的差異與特點。

類比推導：東方思維的夢象邏輯

東方文化自古便重視萬物相感與象徵關連，形成一套以類比推導為核心的世界觀。在夢的詮釋上，這種思維邏輯表現得尤為明顯。人們相信夢中出現的動物、顏色、天象、方位等，皆與現實世界中的吉凶運勢相對應。

例如夢見蛇，在五行中屬陰火，可能象徵女性、災厄，但是也可能表示財富與權力。夢見水，若清澈為吉，若汙濁則為凶；水滿則盈，代表機會來臨；水破則泄，象徵財物流失或健康警訊。

這類推導的本質依循自然與人事之間的感應規律。夢被看作是天象地理、身體氣機與社會秩序的一種映射，解夢者需具備深厚的文化知識背景才能讀懂夢中的語言。

傳統夢書常以詞典形式羅列夢象對應的解釋，像是夢見龍、虎、白馬等，分別對應官運、財氣、貴人等象徵，這些解釋不依個人心理脈絡而變化，而是根據象徵意涵與類比邏輯推導而來。

心理機制：西方思維的夢境拆解

西方心理學自十九世紀以降發展出一套完整的夢解析理論，從精神分析到現代神經心理學，皆以「心理機制」為切入點，將夢視為潛意識活

第一章　夢是什麼：從神諭到潛意識的對照思維

動、情緒重整、記憶重組的綜合反應。

比起某種神祕預兆，夢境逐漸變成心靈內部狀態的象徵性投影。佛洛伊德主張夢是壓抑欲望的變形實現；榮格則認為夢是原型意象的顯現，用以協助個體整合陰影、面對內在衝突。

在這樣的思維體系中，夢中的每一個元素（人物、動物、場景）都可能代表夢者自身的某個心理面向。例如夢見被追逐，可能象徵逃避現實壓力；夢見樓梯，可能指涉心理階段的轉變；夢見鏡子，代表自我認知或自我對抗的心理過程。

這種拆解方式強調夢者的個體經驗、性格特質與當下處境，因此無法以單一象徵對應表來解釋所有夢境。心理治療師會引導夢者自由聯想夢中內容，挖掘其與現實生活、童年經驗或潛在焦慮之間的連結。

解析方式的差異：規範 vs 開放

東方夢解析偏向規範性與共識性。夢象對應固定意涵，具有明確吉凶分類，解夢者擁有話語權，甚至形成「命理」系統的一部分。

西方則採用開放性詮釋，強調個人化與多義性。夢是理解自我歷程的入口，因此不具有「正確答案」。夢境被當成一種心靈語言，其語法依據夢者個人的生命經驗而組成。

例如同樣是夢見蛇，在東方可能表示轉運或招惡，在西方則需根據夢者對蛇的情感（恐懼、崇敬、陌生）進行心理分析。這表示夢象並非固定，而是浮動的心理鏡像。

語言性與結構性的思維對比

東方夢解析思維更接近一種「語言性系統」，強調符號之間的隱喻與類比關係。它運作的是一種「象徵場」：夢中之象既是自然物，也具有文

化意義，解夢者如同語言學家般尋找其對應義。

西方夢解析則更趨近「結構性系統」，它關注的是夢的情節組成、邏輯斷裂、情緒轉移與象徵轉換機制。夢被當作心理機制的外在化映像，是潛意識藉由象徵語言進行整合的場所。

東方的圖騰性 vs 西方的心理原型

東方夢象經常帶有圖騰色彩，夢中之物如蛇、虎、牛、鹿等動物，不只是自然生物，更是文化能量的符號化存在。這些圖騰意象經常與歷史、神話、宗教情境結合，承載集體意識。

西方則將此類夢象納入「原型」理論中，榮格認為這些符號是集體潛意識中的普遍模式，其功能在於幫助個體實現心理平衡，並非僅止於單一象徵對應。

兩種世界觀的投射與互補

總結來說，東方以「象徵－類比－文化」為解夢核心，重視夢與宇宙、命運、倫理的連動；西方則以「結構－心理－潛意識」為中心，強調夢是自我整合與心靈修復的工具。

兩者沒有對錯之分，它們是根植於文化宇宙觀之下對夢的不同理解方式。東方幫助我們建立一套與天地自然連結的解釋系統，西方則協助我們深入探索個體內在的真實樣貌。

或許，當我們同時理解夢象的類比之美與心理機制的深度，我們才能真正理解夢在表達什麼。

第一章　夢是什麼：從神諭到潛意識的對照思維

第七節　預兆與欲望：夢被當作未來還是過去？

夢的時間向度，一直是東西方解夢系統中極具分歧的問題。從文化視角出發，東方傾向將夢視為未來的徵兆與命運的預演，而西方則更常將夢解釋為過去經驗、壓抑欲望與情緒記憶的殘響。本節將比較這兩種時間意識下的夢境詮釋邏輯，並討論各自所延伸出的文化實踐與心理意涵。

夢是「未來的聲音」：東方對夢的預兆性理解

在東方傳統文化中，夢常常被視為一種「先於現實發生的警訊」。夢被分類為吉夢與凶夢，其意義在於揭示未來將至的事件，是神明或天地氣機提前發出的警告或祝福。

這種預兆性認知深植於東方命理觀。例如夢見牙齒掉落，常被認為是親人有病；夢見蛇纏身，象徵即將有好運或懷孕；夢見高處跌落，預示事業失利。這些對夢的理解並非偶然，而是延續了「天人感應」、「氣場交感」等觀念。

個人經歷常被用來驗證夢的準確性，形成了強烈的文化認同。例如有長輩說：「那時我夢見祖母託夢，果然隔天就接到噩耗。」這種記憶成為夢與未來關連的情感證明，強化夢的預見地位。

夢是「過去的回聲」：西方對夢的回溯性理解

與東方的未來預演相對，西方則強調夢作為過去經驗的心理重演。夢是潛意識的領域，是過往壓抑、未完成、創傷或欲望的重組與象徵性再現。

第七節　預兆與欲望：夢被當作未來還是過去？

佛洛伊德提出「夢是壓抑欲望的實現」，即夢的表面荒誕背後藏著不被允許的過去欲望。例如夢見赤裸可能象徵過去的羞辱經驗、夢見失去牙齒可能反映對衰老與死亡的潛在恐懼。

而榮格則擴大這個模型，認為夢是集體潛意識與個人潛意識交會的場所，會以原型形式呈現深層記憶。夢是心靈的修復機制，用於處理未竟情緒與心理陰影。

文化對「時間」的不同感知

東方文化重視循環時間觀，認為天命可預測、命運可感知，過去、現在與未來可以相互感應。夢因此具有「警示未來」的文化功能。

西方自啟蒙以降轉向線性時間觀，強調歷史與個體經驗的累積性與不可逆。夢的焦點轉向過去——未被解決的情緒、未表達的欲望、過去創傷的迴盪。

這也造成解夢時思維的不同：東方問「做這個夢代表會發生什麼事？」西方問「做這夢說明我過去的哪些問題還未被解決？」

實踐方式的分野：占夢 vs 心理分析

東方解夢者如周公、僧道、術士，強調依夢象推測未來發展，具有占卜性質。夢境被納入命理系統，與風水、八字、卜卦共構預測工具箱。

西方心理學家與精神分析師則採用夢工作（dream work）技術，挖掘夢中象徵與個人經驗的連結，並將之納入治療脈絡中，如夢日誌、自由聯想、角色對話等方式皆是回溯夢境的歷程。

第一章　夢是什麼：從神諭到潛意識的對照思維

夢的語言對象：宇宙 vs 自我

東方文化中，夢的語言是向「天」發出的詢問，也是「天」對人的回應。夢者需要找人解釋夢象，以取得天命啟示。

而在西方，夢的語言是「自我的對話」，目的是使潛意識與意識互相理解與統整，夢者自己就是最重要的解碼者。

相似夢象，不同時向

相同的夢象在東西方卻可能指向不同的時間面向。例如夢見死亡：東方多視為「新生預兆」，象徵轉運或結束一段過去後即將迎來新階段；西方則可能解釋為「對過往關係的哀悼」，或是「對失控與結束的焦慮」。

又如夢見前任：在東方或許會被視為是情緣未了、可能再續前緣的徵兆；而在西方則較傾向於探索過去關係中未解的情感結構。

夢的時間指向，折射文化的自我理解

東方解夢如同抬頭望天、探測未來，夢是預兆、命運的碎片；西方解夢則如低頭內視、梳理記憶，夢是欲望、創傷的回聲。夢的時間軸不只標示發生順序，更是文化對自我與世界關係的映照。

理解夢的時間向度，我們便能更清晰地看見文化如何決定我們對夢的期待：是等待它實現？還是解讀它的過去？

第八節　夢與現實之間：誰更強調夢的獨立性？

夢與現實之間的邊界，是東西方解夢觀念中的另一項根本差異。在某些文化中，夢被視為現實世界的延伸，是另一種形式的真實；而在另一些文化中，夢被當作與現實對立的虛構，是潛意識的舞臺。究竟夢是現實的一部分，還是與現實對話的鏡像？東西方的觀點在此展現出鮮明的差異。

東方：夢與現實交疊，象徵與真實同等

在東方文化脈絡中，夢並不被簡單地視為「虛幻」或「不真實」。相反地，夢常常被認為是現實世界的一種延伸，是感應、預兆、天命等元素的具體展現。因此，夢雖發生於睡眠狀態，卻可能比清醒時更貼近「宇宙真相」。

在儒、道、佛各家系統中，夢境既可來自個人內心，也可來自天地感應或靈界啟示。其真實性不依賴物理驗證，而根植於象徵與感應的結構中。

許多東方古籍記載了「夢中受戒」、「夢中覺悟」、「夢中見神」、「夢中決策」等故事，反映夢是與現實平行，甚至優先的存在。因此，在東方解夢實踐中，夢的內容常會被視為具有真實的行動價值，並且可以引導現實的決策。

西方：夢是心理空間，與現實對話而非重疊

在西方主流心理學中，夢被定義為一種意識的內部活動，是自我、潛意識與無意識的交互作用。比起外在世界或靈界的通道，夢更被視為是內在心理歷程的象徵性語言。

第一章　夢是什麼：從神諭到潛意識的對照思維

這樣的理解強調夢的「獨立性」—— 它是一種象徵系統。佛洛伊德與榮格都曾明確指出，夢境有其獨立邏輯與語法，不應直接與現實等同對應。

夢的空間因此成為一種「心理劇場」，其人物、情節、物件皆可能代表夢者內在不同的情緒、記憶、衝突或渴望。這樣的劇場不一定反映現實的真實，卻真實地反映了夢者當下的內在狀態。

文化對真實的定義不同，導致夢的定位不同

東方文化對「真實」的理解較為包容與多層次，不僅包括物理事實，也包括象徵、感應、靈驗與倫理真實。因此夢被納入「真實」範疇，即使它不發生在物理世界中，也可能被視為「預示的現實」或「尚未實現的現實」。

西方文化受科學與理性主義影響，「真實」需可驗證、可重現、具邏輯因果。因此夢的內容雖可分析，卻不被視為客觀事實，而是一種「內在心理實境」。夢的價值在於它如何反映自我，而不是它是否預言了現實事件。

解夢的態度：接收 vs 詮釋

在東方，解夢往往強調「接收」，夢是一種外來訊息，夢者的任務是聆聽與理解。夢被解讀為天意、命理或祖靈訊息，具有指導與警示作用。

在西方，解夢則更像一種「詮釋」的過程。夢者與分析者一起分析象徵、聯想意涵，探討夢境背後的心理動機與結構。夢是內在心靈的鏡像。

這樣的分野也影響人們是否信任夢、如何使用夢。例如東方人更可能因夢境改變行動決策（如婚嫁、生意、出行），而西方人則傾向於透過夢來了解自我、進行情緒調節。

夢的影響力：現實的擴展或象徵的調節

夢在東方是現實的擴展，夢中發生的事可能會被視為已在冥冥中定下的走向。這種觀點讓夢具有主導性與介入性，甚至可能重塑人對現實的看法與行為方向。

而在西方，夢的功能較偏向「心理調節」與「象徵整合」。夢境中的失落、追逐、死亡等意象，被用來反映與處理潛藏在日常意識之下的心理張力，使人格邁向整合與平衡。

夢的邊界，是文化觀對現實的投射

究竟夢是現實的一部分，還是與現實平行的世界？東方強調夢與現實的交疊與融合，夢中之事可真、可信、可行；西方則強調夢的內在獨立性，夢是心理的象徵場。

這樣的差異不只是對夢的定義，更反映出文化如何界定「真實」與「存在」。對夢的態度，其實也是對人與世界關係的反映。

第九節　夢境分類系統：東方依吉凶，西方依心理狀態

夢境的內容千變萬化，而不同文化對夢的分類系統也展現出各自的理解方式。東方解夢著重於對夢境的吉凶評價，將夢作為命運的指標進行系統分類；而西方則將夢當作心理活動的表現，依據情緒、功能與心理狀態來劃分夢的類型。

東方夢境分類：以吉凶預測為核心

東方傳統解夢體系，無論是《周公解夢》或其他夢書典籍，皆以吉凶分類為夢象解釋的基礎。夢被視為通向命運的密碼，夢象的出現提示了即將發生的好事或壞事，因此分類的目的在於判定未來走勢。

這套分類系統通常以具體象徵為核心。夢中的人物、動物、自然現象、物品、行動甚至顏色，皆對應到不同的吉凶意涵。

例如：

- 夢見升天、穿新衣，為吉。
- 夢見血、破鞋、跌落高處，為凶。
- 夢見魚，常常象徵機會或財運。
- 夢見牙齒掉落，常常被視為親人有難。

這些分類通常依物象所具有的「文化象徵性」來界定，而不以個人背景或情緒為考量。它假設夢象與命運之間存在固定對應，透過分類便可將夢納入可解釋的框架。

西方夢境分類：以心理功能為基礎

西方心理學對夢的分類則大多以心理歷程為依據。夢反映個體的內在心理狀態，因此分類也多根據夢的內容、功能與情緒特徵來劃分。

常見的分類包括：

・焦慮夢：如被追趕、考試失敗、走失等，反映現實壓力與內心焦慮。

・創傷夢：重現過往創傷經驗，如災難、暴力、失落。

・願望實現夢：潛意識中壓抑的願望在夢中以變形形式得以釋放。

・代償夢：現實中無法達成的行動在夢中得以完成。

・清醒夢：夢者知曉自己在做夢，並能對夢境進行一定控制。

・重複夢：內容反覆出現，多與未解情緒或長期壓力相關。

這些分類著重於心理功能與夢者的經驗連結，是一種由內而外、動態流動的分類方式，沒有固定象徵對應表，需結合夢者背景進行個別化理解。

象徵 vs 機制：分類依據的差異

東方夢境分類依賴的是象徵傳統：文化集體對某些象徵物的吉凶聯想。例如烏鴉、破傘、落葉等常帶有不祥色彩，夢見這些即可能被解釋為凶兆。這樣的系統強調文化規訓與傳統價值的延續性。

西方夢境分類則依賴心理機制的理解，著重情緒表現、記憶重組與潛意識活動。夢的分類是對內心歷程的映照，象徵未必固定，而會因夢者而異。

第一章　夢是什麼：從神諭到潛意識的對照思維

固定與流動：分類彈性的差異

東方夢分類系統具有高度穩定性與規則性。它提供一種對未來的框架解釋，使人得以面對未知。

西方分類系統則極具彈性，同一夢境可能依個體的心理狀態、生活脈絡而呈現不同分類結果。這樣的分類方式鼓勵夢者主動參與解釋過程，是心理治療與自我探索的重要手段。

東方夢境分類是一種「命運標籤系統」，試圖將夢象納入吉凶的宇宙架構；西方夢境分類則是一種「心理映照工具」，用來剖析夢者當下的內在情緒與狀態。

兩者的差異不僅是技術層次的分別，更是文化思考方式的體現：一個強調夢的宇宙秩序意涵，一個重視夢的個體經驗價值。這樣的分類方式，也形塑了夢在各自文化中的意義與用途。

第十節　東西方夢觀的根源差異整理

在經歷前九節的主題比對後，不難發現東西方對夢的理解差異，並非單一層面的觀點分歧，而是來自深層文化、哲學、世界觀與自我定位的不同思維體系。本節將綜合整理這些根源性的差異，讓讀者能清楚理解東西夢觀背後的基本立足點與價值架構。

宇宙觀的出發點：天命感應 vs 個體中心

東方夢觀建立於「天人合一」的宇宙觀基礎之上。夢被視為天命、陰陽、五行與個體氣機之間的互動結果，是宇宙秩序的顯影。

西方夢觀則源於「人是主體」的個體中心論架構。夢被理解為心理活動的投射，是自我內在秩序與無意識的作用結果，並不假定與外界超自然系統的必然連繫。

知識結構：象徵對應 vs 結構分析

東方夢觀強調「象徵對應」，重視夢象與現實事件、命理規則、歷史文化的直覺連結。夢象具有集體性與穩定性，解夢靠對象徵語言的掌握與比對。

西方夢觀則走向「結構分析」，透過心理動力學、記憶系統與情緒反應拆解夢境邏輯。夢的語言是非直線性與非穩定的，重點不在於符號本身，而在於符號與夢者心理狀態之間的動態關係。

夢的時間觀：未來導向 vs 過去回溯

東方夢觀傾向將夢視為預兆、指引與命運提示，是「尚未發生的現實」的顯現。夢境內容對未來具有指導性與預言性。

西方夢觀則側重於對過去的回溯與重組。夢是潛意識整理過往經驗的途徑，是記憶殘餘、欲望壓抑與創傷處理的再現。

夢的功能性理解：宗教工具 vs 心理機制

東方將夢納入宗教與倫理結構，具有超自然信仰意涵，是祖靈、神明與冥界介入人間的通道。夢可用於預言、感應與祭儀指引。

西方則將夢視為心理機制的一部分，透過夢者主動參與解析，促進自我整合、情緒釋放與人格成長。夢成為心理治療中的素材與工具。

夢象詮釋方式：穩定詞典 vs 流動聯想

東方傾向於建構「夢象詞典」，一個夢象對應一種命運意涵，具有文化穩定性與權威性。

西方則採自由聯想方式，認為夢象因人而異、因時而變，不可一概而論。夢的意義來自夢者與夢象互動中產生的個體化詮釋。

解夢者的角色：傳統權威 vs 自我詮釋

在東方，解夢多由術士、道士、僧侶等特定知識階層擔任，是一種「他者詮釋」的權威結構，夢者的詮釋能力被相對排除。

在西方，解夢則傾向於「自我詮釋」，心理治療師更多扮演引導者角色，引導夢者主動發掘夢的意涵，強調主體性與個體參與。

夢的現實地位：現實延伸 vs 心理鏡像

東方將夢與現實視為平行而可交互影響的兩個層次，夢中之事常常被納入現實行動的考量中。

西方則將夢視為現實的心理鏡像，是現實的反映，而非未來的塑形工具。

文化語言中的夢：規訓 vs 敘事

東方語境中的夢常帶有道德勸誡與文化規訓意涵，是約束人倫、教化社會的手段之一。

西方夢語言更偏向敘事性、探索性，夢是一種敘說個體故事的工具，幫助自我建構身分與回顧生命歷程。

夢與信仰的關係：儀式核心 vs 世俗轉化

東方文化中，夢經常被當作宗教儀式的前導與依據，是建構神聖秩序與靈界對話的方式之一。

西方夢觀雖在早期有神學基礎，但是進入現代後，已被心理學與科學解構為世俗化經驗，成為一種不依賴神靈的個體實踐。

兩種文明對夢的思維模板

東方的夢觀立基於天地感應、象徵對應與命理信仰，具有整體宇宙系統視角；西方夢觀則根植於心理結構、潛意識探究與自我認識，強調主體性與經驗性。

對夢的不同理解，是一種文明如何思考人與世界、人與神、人與自我之關係的深層呈現。理解夢觀的根源差異，也就是理解東西方文化如何用夢說話、如何透過夢認識自己與世界。

第一章　夢是什麼：從神諭到潛意識的對照思維

第二章
夢的起源：是神靈提示還是情緒反射？

第二章　夢的起源：是神靈提示還是情緒反射？

第一節　東方說夢來自天命或外靈

進入第二章，我們開始聚焦於「夢的起源」這一核心問題。在東方文化中，夢境的產生被長期理解為一種來自外部的作用力——不論是天命的流動、神靈的介入、陰陽氣機的感應，抑或是祖靈與亡者的干預。這樣的理解深深植根於傳統宗教觀、自然哲學與民間信仰當中，形成了一套完整的夢起源論述。

天人感應：夢為宇宙秩序的顯影

東方的宇宙觀強調「天人感應」，即人類的身心變化與宇宙運行之間具有同步性與感應關係。根據這樣的觀念，夢境的發生並非偶然，也不僅僅是身體或心理活動的副產品，而是「氣」與「命」的流動結果。

當個體所處之時空、身體氣機與天象產生特定互動時，夢境便可能以一種象徵化的形式呈現，揭示吉凶、提示變化。例如在節氣轉換、星宿交替，或者陰陽失衡時，夢特別容易被解釋為預兆性顯現。

神靈託夢：外在力量的介入與引導

傳統信仰中，夢也是神明傳達訊息的重要管道。在道教、民間信仰乃至佛教民間流傳版本中，神祇常常「託夢」給信徒，作為對行為的指引、懲戒或鼓舞。例如媽祖、關公、土地公、城隍等神祇，在夢中化身為老者、小童或神光形象，傳遞未來的啟示或任務。

這種「神靈介入說」強化了夢的超個人屬性——夢不只是個人的潛意識產物，更是來自另一維度存在的回應。而夢者是訊息的接收者與行動執行者。

祖靈託夢：亡者與生者的通道

在東方家族倫理與祖先崇拜系統中，夢境亦被視為陰陽兩界交流的重要場所。亡者會透過夢境向生者託付心願、傳遞情緒或求取祭祀。這些夢境常帶有強烈的感情與倫理訴求，夢者往往會被期待採取具體行動予以回應，例如補祭、超渡、贖罪或安葬修整。

夢因此成為一種維持祖靈系統運作的社會工具，使家族內部秩序得以穩定，並維繫陰陽兩界的情感連結。

外靈侵夢：邪祟與病氣的干擾

除了正神與祖靈之外，東方信仰也承認夢可能來自「外靈」或「陰邪」的干擾。此類夢境通常伴隨驚悸、重壓、哭喊、鬼影、凶兆等象徵，並被認為與中邪、衰運、犯煞或地理風水有關。

因此，民間會以「辟邪」、「補運」等方式進行化解。這類夢的起源觀點與健康、運勢、環境氣場密切相關，形成一種「風水－身體－靈界」交織的夢境系統。

修行夢境：內在轉化與神聖經驗

在道教與佛教修行體系中，夢也被視為修煉、修行過程中的重要訊號。夢境可提示業障、功行、前世因果，亦可作為內證覺悟的記號。夢見神明點化、佛祖示現、登山過橋、化龍升天等常被解讀為修行有進、心性清明之象。

這些夢境不再只是被動地接收訊息，而是一種身心狀態提升後，自動連結靈界的表徵。夢不僅屬於信仰，還具有內在修持與靈性轉化的象徵功能。

第二章　夢的起源：是神靈提示還是情緒反射？

東方夢起源的外部性與神聖性

綜合來看，東方文化中的夢被廣泛視為外來力量的結果——無論是天命、神靈、祖靈還是邪祟，都屬於外部世界對夢者的影響。夢者本身是感應者、接收者、回應者。

這種夢觀奠基於一個強調感應、象徵與倫理的宇宙圖景，也塑造了東方人對夢的敬畏、解讀與實踐方式。夢是來自天上的電報，是祖靈的聲音，是神明的手勢，它的起源從來不在夢者自身，卻藏在天地人神之間的千絲萬縷中。

第二節　西方說夢來自內心或神經反應

相較於東方將夢視為神靈、祖靈或外靈干預的結果，西方文化自文藝復興以降，逐漸將夢的起源轉向「內部機制」的探索。夢被視為源於個體內在心理活動的自然延伸，並與腦部神經生理反應密切相關。本節將從心理學與神經科學的角度，探討西方對夢的內在起源論述。

精神分析的起點：夢為潛意識的展現

十九世紀末，西方夢觀因精神分析而產生重大轉變。佛洛伊德提出夢是「壓抑欲望的變形實現」，主張夢是潛意識中被壓制欲望的符號重組，其內容具有深層心理意涵。

在這套理論中，夢並非外來訊息，而是自我內在衝突與欲望的產物。例如夢見飛行可能象徵性自由，夢見迷路可能反映人生方向的迷惘。這些內容源自夢者自身的心理壓力、童年創傷或未表達的情緒。

榮格與原型：夢為自我統整的工具

榮格延伸佛洛伊德的理論，提出夢是「潛意識的自我調節機制」。夢中出現的象徵物來自「集體潛意識」中的原型（如母親、英雄、影子），其功能在於幫助個體整合陰影、平衡人格結構。

榮格認為夢不僅是壓抑的殘餘，更是自我成長的訊號。例如夢見蛇可能不單是壓抑性慾的象徵，更可能是潛能覺醒、靈魂轉化的隱喻。夢成為一種心理發展歷程的提示。

第二章　夢的起源：是神靈提示還是情緒反射？

行為主義與生理學：夢為腦的整理行為

進入二十世紀後期，行為科學與腦神經科學興起，夢的起源進一步轉向神經機制。研究顯示，人在睡眠進入「快速動眼期」（REM）時，大腦皮質活躍，正是此時最常產生夢境。

「激活－合成理論」認為夢是大腦在無序激活的情況下，自動拼湊感覺與記憶片段的結果。也就是說，夢的內容並無外在目的，它是神經活動的副產品，也是腦部處理資訊的自然副作用。

情緒與記憶：夢的心理功能之一

現代研究亦指出，夢具有整合情緒與記憶的心理功能。在睡眠中，大腦會重播日間經歷的情緒事件，將之儲存或重構為長期記憶。夢境因此反映夢者最近的壓力、關係問題、創傷或期待。

這讓夢成為了情緒調節與心理修復的重要管道。例如在失戀後反覆夢見前任、在創傷後重現事故場景等，都反映大腦正透過夢進行內部處理。

夢者為創造者：自我投射與心理對話

西方夢觀的一大核心是「夢者即創造者」。夢境被視為內心劇場，夢中每一個角色、場景與對話，都是夢者內在不同面向的投射與對話。

這種觀點鼓勵夢者主動解夢、記錄夢境、尋找夢中象徵與現實問題的關連。例如夢中的陌生人可能代表未覺察的自我特質，夢中的動物則可能是本能或情緒能量的象徵。這些詮釋來自自我省察與心理聯想。

夢是內在世界的自然顯現

在西方主流理解中,夢的起源來自內在心理與生理機制的自然表現。它是一種自發的訊息整理、一種情緒整合的形式,也是一場自我對話的劇場。

這樣的夢觀強調「主體性」與「自我建構」,讓夢不再神祕,它可被分析、可被理解,甚至可被訓練與引導。夢是大腦的語言,是潛意識的動作,是心靈自我修復與成長的通道。

第二章　夢的起源：是神靈提示還是情緒反射？

第三節　「情緒太多所以會做夢」是誰的觀點？

「情緒太多所以會做夢」這句話，在日常生活中被廣泛引用，也常被人當作對夢境產生的簡易解釋。但它背後所隱含的文化意識與心理機制，卻遠比表面複雜得多。本節將針對這一說法在東西方文化中的源流與詮釋差異，展開深入分析。

東方：情緒為氣之波動，夢為氣機紊亂所致

在東方傳統醫學與哲學體系中，「情緒」並非單純心理現象，而是與「氣」直接相關的身心整體運作。情緒過盛，意味著氣機運行失衡。當怒氣上衝、思緒過繁、悲憂鬱結時，就會導致五臟六腑運行異常，從而在夢中表現出來。

例如中醫理論中提到「肝主怒」、「心主喜」、「脾主思」、「肺主悲」、「腎主恐」，若某種情緒過度，便會反映於對應器官與夢象。肝氣鬱者夢多見追趕奔逃，心火旺者夢中興奮過度，腎虛者則常夢落水、墜高或恐懼場景。

這種觀點雖沒有精細的心理結構分析，卻提供了將夢與情緒連結的整體解釋框架。夢不單是外靈感應，也可能是情緒未被適當釋放，導致內在氣機混亂後的反映。

西方：情緒是夢的催化劑與重組內容

在西方心理學中，特別是現代神經科學與情緒理論的發展下，「情緒太多所以會做夢」幾乎成為一項被驗證的假說。多項研究指出，夢境在很大程度上與個體的情緒強度有關，而非單純的日間記憶重播。

第三節 「情緒太多所以會做夢」是誰的觀點？

睡眠研究顯示，人在經歷強烈情緒事件（如憤怒、悲傷、焦慮）後，其夢境更頻繁，且內容更具象徵性與情緒張力。這被解釋為「夜間心理消化」的一部分，夢是大腦在整理與釋放情緒壓力的自然機制。

尤其在創傷後壓力症候群（PTSD）研究中，夢境的角色被明確指出──創傷事件會反覆出現在夢中，直到夢者逐漸消化其情緒負載，夢境才會緩和或消失。

自由聯想中的情緒線索

佛洛伊德的自由聯想法特別強調夢中細節與情緒來源的關連。他認為夢的象徵內容往往掩蓋著壓抑情緒，而夢的分析正是讓潛意識中的情緒重新浮現於意識，得以釋放。

例如夢見牙齒掉落，可能在表面看來毫無意義，但在自由聯想中，可能會牽連到對死亡的焦慮、對自我價值的懷疑或對老化的恐懼。這些情緒才是真正導致夢出現的原因。

榮格觀點：情緒是夢的橋梁

榮格則認為夢是「情緒與原型對話」的平臺。當個體的情緒累積到一定程度時，夢境會喚起集體潛意識中的象徵來回應，這些象徵性內容幫助夢者意識到問題並整合經驗。

例如在孤獨與排斥感極強時，夢可能出現狼、黑影或沉船等意象，這些象徵不僅呈現情緒，更提供了整合方式，使夢者面對自身陰影，達成心理自癒。

東方補充觀點：儒家與佛家對情緒夢的思考

儒家強調「中庸之道」，認為過度情緒不僅損身，更會引發心神不寧與惡夢頻仍。

佛教則視夢為「煩惱未息」的徵兆。情緒過重，是因五蘊未空、執念未除，夢便成為「妄想心」的產物。修行者若能明心見性，夢境將漸趨平和無象。

情緒是夢的內在動力之一

無論是東方將情緒視為氣機波動導致夢境，還是西方將情緒視為神經與心理反應的催化物，「情緒太多所以會做夢」在兩個系統中皆有其合理性與文化詮釋方式。

這句話是跨文化夢觀中少數具有交集的共識。情緒讓夢成形，也讓夢成為自我調節的潛意識語言。

第四節　為何有些夢跟白天完全無關？

許多人都有這樣的疑問：為何夢境中的內容與白天經歷的事件毫無關連？即使白天過得平淡無波，晚上卻可能夢見古代戰場、與陌生人對話、在空中飛翔、從高空墜落，甚至自己從未經歷的事物。本節將從東西方文化與心理機制兩方面，探討夢與日常經驗「脫節」的原因。

東方觀點：夢是天地之氣的感應，非日常思維延伸

在東方哲學中，夢的來源不必然與清醒時的記憶連結。道家與中醫思想認為，夢是「心神不守」、「陰陽失調」或「外氣入侵」的結果。人在睡眠時，神遊於天地，與萬物相通，因此夢中之景可遠超日間經歷的範疇。這套觀點認為夢的成因在於宇宙氣場的變化與人體內部氣血波動，而非單純源自白天記憶的延續。

此外，道教與民間信仰中也有「魂魄出遊」的說法，認為夢是魂離體後所見所感，這類夢象因發生於靈魂與其他空間的接觸中，自然與現實經驗無關。

西方觀點：夢的來源並不限於近期記憶

雖然西方心理學早期也曾認為夢是「日間殘留」（day residue）的組合，但現代研究已表明夢的內容常來自深層記憶或非顯性記憶。這些記憶可能來自童年、潛意識壓抑、創傷經驗、文化符碼，甚至來自未曾處理的情緒層面。

佛洛伊德認為夢是壓抑欲望的實現，這些欲望並不一定與當日事件有關，而可能來自童年期未滿足的需求。榮格則強調夢中的象徵可能來

自「集體潛意識」，代表的是人類共有的原型意象，而非個人近期經歷。

因此，即便白天過得平淡，夢境仍可能出現與過去或潛意識中的情緒、需求相關的內容，而這些內容對夢者而言，未必顯而易見。

神經生理學的解釋：夢是大腦的「非線性重組」

神經科學指出，夢境的生成過程是大腦皮質在睡眠狀態下隨機激活記憶片段、情緒感受與感覺資料，並將它們重新拼貼為一種「具象徵性但無邏輯」的故事流。

這種重組過程混合了遠期記憶（如童年、過往經歷）與近期刺激，甚至包括視覺殘影、潛意識信號與文化內建的圖像，因此夢境自然可能與當日現實毫無明顯關連。

例如你可能夢見自己在大城市奔跑，背景卻是童年家鄉的街道，身邊出現已過世的親人，這些內容在清醒時不曾同時浮現，但大腦在無意識狀態下將它們組合為夢境場景。

東西方共通的「象徵性解釋」

儘管解釋路徑不同，東西方都承認夢具有強烈的象徵性。當夢境脫離日常經驗時，其實可能正在傳遞某種難以言說的心理或精神狀態。

在東方，這可能是天象示警、神靈暗示或氣場異變；在西方，則可能是情緒壓力、未完成的心理議題或集體潛意識原型的召喚。這些象徵透過超現實形式出現，使夢擁有高度的「非現實性」與極強的「心理真實性」。

有些夢之所以與白天毫無關連，是因為它來自更深的記憶層次、更古老的情緒或更廣的文化圖譜。夢者看到的，可能是自己未曾顯露的內在現實，是潛意識與記憶深海中的片段閃光。

第五節　東方如何看待生病、飲食與夢的關係

在東方傳統文化中，夢的成因並不單一來自精神或神靈的作用，也與身體的狀態息息相關。尤其是生病與飲食這兩項日常變化，被長期視為引發夢境的關鍵因素。東方的夢觀體系認為，身體的變化會改變內部氣機與五臟六腑的平衡，從而導致夢的發生與內容改變。

中醫理論：身體狀況影響夢境的直觀解釋

中醫普遍認為，人體臟腑的平衡與否將直接影響夢境的內容。例如：

- 心氣虛則夢火燒、夢奔走；
- 肝氣鬱則夢怒、夢殺人；
- 脾虛者夢飢餓、夢飲食；
- 腎虛者夢墜落、夢溺水。

這些夢象被視為身體內部機能失衡的外顯反應，是身心失調在夢境中的表徵。因此，夢不僅被解釋為心理或命理因素，還是身體健康的「內視鏡」，能揭示尚未表現在肉體的疾病徵兆。

病中之夢：虛弱與氣血失調的反映

當人身體虛弱、發燒或長期患病時，夢境往往呈現更混亂、恐懼或難以解釋的景象。這類夢象被中醫視為「陰陽逆亂」、「魂魄不安」的結果。

例如在發燒時出現的「熱夢」或幻覺性夢境，常被理解為心火上炎、陽氣失控的表現。而長期病患出現的反覆夢見鬼魂、黑影、追逐等夢

象,則常與腎虛與心神不寧有關。

夢境是身體整體狀態透過「象徵方式」向個體發出的訊號。因此,在東方傳統醫療實踐中,醫者會詢問病者的夢境作為診斷的補充依據之一。

飲食影響夢境的經驗法則

飲食在東方文化中不僅是營養補充,更與氣機運作密切相關。《素問》提到:「胃不和則臥不安。」意思是腸胃運作不佳會影響睡眠品質。

過飽、過餓、辛辣、寒涼、過酸、過甜等飲食習慣都會改變氣血運行,從而導致夢境異常。例如:

・食肉過多者易夢見打鬥、奔逃;

・食冷過度者夢見沉水、凍結;

・食辛辣過多者夢見火災、爆炸或被攻擊。

這些經驗型觀察逐漸累積為飲食與夢象對應的文化知識,成為日常生活中解夢與調養的依據之一。

夢象的警訊性:未病先見之兆

在中醫「治未病」思想中,夢被用來判斷尚未發作但已潛伏於體內的疾病。夢見掉牙、血流不止、呼吸困難等,被視為脾虛、氣虛、肺病等的預警信號。

這種觀念強調夢的「預警性」與「象徵性」結合,即夢境不只是反映當下狀態,也可能提示未來身體潛在的變化。因此,定期觀察夢境、結合身體感受與日常飲食成為一種預防性健康策略。

第五節　東方如何看待生病、飲食與夢的關係

民間習俗：從解夢到食療的應用

在東方民間文化中，夢與飲食、健康的關係也體現在許多習俗與建議上。例如：

・夢見蛇、狗、豬等動物後應暫避肉食，改以素食調養；

・夢見流血或死亡應服用補氣養血的藥膳；

・夢見大水或身體沉重者，建議服用健脾去濕的食材如薏仁、茯苓等。

這些做法雖未必具現代科學依據，卻反映出夢被當作身體訊息的詮釋依據，並延伸至飲食與生活調整的實踐層面。

在東方系統中，夢是身體發聲的另一種語言。它揭示臟腑氣血的細微波動、反映飲食與情緒的累積影響，並提供一個通往健康評估與自我調整的管道。

第二章　夢的起源：是神靈提示還是情緒反射？

第六節　西方如何解釋身體與夢之間的連動性

相較於東方文化強調夢與氣機、飲食、臟腑平衡之間的連繫，西方則傾向從神經科學與心理生理學的角度，探討身體狀態與夢境之間的連動關係。本節將從神經機制、睡眠階段、身體疾病與夢境反應三方面，解析西方對此議題的理解。

REM 睡眠與夢的產生：神經機制的核心

現代睡眠研究指出，大多數夢境出現在「快速動眼期」（REM）階段。此時腦部活躍，尤其是前額葉與邊緣系統的交互作用顯著提升，導致情緒與記憶內容混合形成夢境。

REM 睡眠階段的出現與身體放鬆狀態有密切關連。若此階段被干擾，如有焦慮、疼痛、發燒等身體狀況，則夢境內容也會變得碎片化、情緒強烈或不連貫。這顯示身體與夢的動態連動性 —— 身體狀態會影響夢的品質、頻率與情感色彩。

情緒中樞與身體訊號的映射

邊緣系統（limbic system）是大腦中主管情緒與動機的重要區域，包含海馬迴與杏仁核。這些區域同時參與夢的形成與身體內在狀態的感知。

研究指出，當人經歷生理疼痛、不適、荷爾蒙變化（如經期、懷孕、更年期）等狀態時，這些內部訊號會被邊緣系統轉化為情緒線索，進一步滲入夢境。例如胃脹氣可能引發夢見膨脹、壓迫的景象，慢性疼痛

者則可能夢見自己受困、被壓、動彈不得。

這樣的身體－夢境連動是大腦接收身體訊號，並以象徵或敘事方式處理的結果。

疾病與夢境的內容變化

西方研究顯示，某些身體疾病會明顯改變夢境內容與結構：

・高燒時易出現混亂、恐懼、時間與空間錯亂的夢境，類似幻覺；

・睡眠呼吸中止症患者常夢見溺水、窒息或被掐住；

・憂鬱症、慢性疼痛與神經退化疾病患者則多出現反覆、單調、負面情緒主導的夢。

這些夢象被理解為腦部在處理異常內部狀態時的表現。夢境成為神經與生理交互作用的一種現象學呈現。

飲食與夢的間接關連

雖然西方不將飲食直接等同於夢象變化，但營養與腦部活動之間的關連也逐漸被關注。例如：

・高糖飲食可能影響睡眠深度與夢的清晰度；

・睡前攝取辛辣或高脂食物會提高夜間覺醒與夢中斷片的頻率；

・特定營養素（如維他命 B6）被認為有助於提高夢的記憶力與象徵內容的活躍度。

這些研究並不在於主張夢是飲食直接導致的結果，但它們承認身體狀態的細節會以細膩的方式影響夢境生產機制。

第二章　夢的起源：是神靈提示還是情緒反射？

　　西方對夢與身體連動的解釋，以「大腦如何轉譯身體訊號」為核心邏輯。夢是一種複雜的神經整合過程，包含內在感覺、記憶、情緒與生理回饋的共同表現。

　　從這個角度來看，夢是身體與大腦持續互動的動態產物。

第七節　誰認為夢境與命運有直接連結？

　　夢是否與命運息息相關，是東西方夢觀中的重大分歧點。在某些文化中，夢被認為是一種預知命運的工具，是命運規律的外顯徵兆；而在另一些系統中，夢則被視為與命運無涉的心理活動。本節將對照探討東西方對夢與命運之間關係的態度，並剖析何者認為夢境可以直接預示未來的命運走向。

東方傳統：夢即命的顯現

　　東方古典文化中，「夢兆」是一個核心概念，認為夢境能透露命運走向。這種觀點源於「天人感應」的哲學基礎，即天地萬象與人間事務可以互為映照，夢則是這種感應機制的具體展現。

　　在《周公解夢》等典籍中，夢被細分為吉夢與凶夢，每一種夢象都與某種命運結果相對應，例如：

- 夢見高升、穿新衣，表示升遷或喜事將臨；
- 夢見大水、火災，象徵災難、錢財波動或家庭變故。

　　這些夢象被當作「命運的語言」，並透過符號解碼實踐預測功能。夢因此成為占卜系統的一部分，是宇宙秩序傳達命理訊息的管道。

民間實踐與命理結合

　　在東方民間，夢與命運的連結尤為強烈。這些觀念不但廣泛流傳，還常被用來指導行動決策，如擇日、嫁娶、出行、做買賣等。

　　夢的命運性解釋甚至被納入八字、風水與占星之中，與其他命理系統交織成為完整的宇宙論述。夢因此是命運顯化的先聲，是天道在人間的痕跡。

第二章　夢的起源：是神靈提示還是情緒反射？

西方主流心理學：否定夢與命運的直接關連

　　與東方不同，西方自文藝復興後逐漸淡化夢的神祕性，進而在精神分析與科學主義的發展中，明確排除夢與命運的直接關係。佛洛伊德認為夢是壓抑欲望的變形呈現，與個人潛意識相關，並非未來命運的預兆。

　　榮格雖然提出夢具有預示功能，但所謂「預示」是指心理狀態的發展方向，而非具體事件的命定。他強調夢能提供個體成長路徑的指引，但無法預測一件事是否會發生。

　　現代神經科學更進一步將夢歸因於記憶重整、情緒整理與神經活化，完全排除「命運」的假設基礎。夢被看作是心理與生理系統自我調節的結果。

西方少數神祕派系的例外

　　雖然主流西方科學理論排除夢與命運的直接連結，但在西方的神祕主義傳統、占星學、塔羅牌或新紀元 (New Age) 運動中，仍存在某些支持夢境預兆性的聲音。

　　例如某些神祕學派主張夢是「靈魂旅行」的過程，可以接收宇宙意識或高我訊息，進而知曉未來可能發生的結果。這些夢境不以象徵解釋為主，而更強調其直接預知性質。

　　然而，這類觀點在西方整體文化中屬於邊緣思潮，並未進入科學與心理學的主流論述體系。

第七節　誰認為夢境與命運有直接連結？

東強西弱的命運解釋傾向

整體而言，東方文化強烈傾向於將夢視為命運的一部分，視其為宇宙秩序的感應與先聲；而西方則多將夢視為個體內在心理與神經活動的結果，將夢從命運敘事中剝離。

夢與命運是否有直接連結，反映的是文化對未來、對自我、對宇宙秩序的不同理解。

第二章　夢的起源：是神靈提示還是情緒反射？

第八節　當夢反覆出現時，東西方解讀是否一樣？

夢境若偶爾出現，我們或許會將它視為巧合，但當一個夢反覆出現——無論是相同情節、相同場景，或是類似主題——便容易引發人們的好奇與焦慮。在東方與西方的解夢系統中，對於「重複夢」的理解亦存在顯著差異。

東方：重夢為「有事將至」的強烈訊號

東方文化傳統中，夢的反覆被視為命運或神靈試圖「加強訊息」的徵兆。尤其在《周公解夢》與道教夢書中，認為夢若連續出現類似情境，極有可能是真實即將發生的預警。

例如：

・若夢見祖先連續託夢，常被解釋為家族中將有大事發生，需慎重辦理祖先之事；

・若夢見同一災難、動物或死亡場景反覆出現，則多被視為凶兆，需要進行避煞或改運儀式。

這種觀點根源於「天人感應」與「靈界傳達」的信仰，認為夢是天地與鬼神與人之間的媒介，重夢則是神靈不容忽視的語言強化。

東方醫學與心理層面：重夢也是身體與情緒累積的結果

雖然宗教與民間信仰強調夢的命運性，但中醫與儒家思想則補充了較理性的詮釋方式，指出重夢也可能來自「神不守舍」——即身心失衡，魂魄不安。

當身體長期虛弱、氣血不足、情緒積壓或生活習慣紊亂時，夢境就容易重複。這些夢象成為身體內部能量失衡的反射鏡。

因此，東方的解釋具備雙重性質：

・一方面視重夢為命運或神靈的警示；

・另一方面亦視之為身體警訊或心神紊亂的反映。

西方：重夢為「未解心理衝突」的顯現

在西方心理學理論中，重複夢境通常被視為「心理未解課題」的具象化。佛洛伊德認為重夢來自壓抑欲望反覆衝擊潛意識，象徵夢者尚未處理的情感創傷或焦慮情境。

榮格則將重夢理解為「自我與潛意識對話失衡」的反映，特別強調夢境中重複出現的意象多來自「原型」（archetype），如重複夢見迷宮、黑影、異性等，可能意味著人格整合受阻。

心理治療中，重夢被當作指引個案進行深層探索的入口。分析重夢的場景、角色、象徵物，有助於辨識夢者潛藏的心理模式與成長停滯點。

西方神經科學觀點：記憶回路與情緒殘留

除了心理層面，西方神經科學也提供重夢機制的物理性解釋。研究顯示，當大腦處理未完成的情緒任務時，特定神經元會在睡眠中反覆激活，導致相似夢境不斷重現。

這些記憶可能與創傷、焦慮、未解困擾相關，夢境則成為潛意識試圖「處理」這些記憶與情緒的方式。當事件未被釋放或理解，夢就會「再來一次」，直到心理與生理達到某種整合狀態。

第二章　夢的起源：是神靈提示還是情緒反射？

重夢是一種持續的訊號，不同文化讀出不同意義

　　無論在東方或西方，夢境的重複都不是偶然，它代表著某種訊息被反覆投射，要求被理解、回應與處理。

　　東方較偏重其預兆性與靈性功能，重夢是命運、祖靈、神明的提示與感應；而西方則強調其心理功能，重夢是內在衝突、創傷與未完情緒的表現形式。

　　但兩者共通的觀念是：夢之所以重複，是因為「未被聽見的內在聲音」仍在呼喚，等待我們轉身理解。

第九節　夜晚睡覺時間與夢意義有無關係？

在許多文化中，人們相信「不同時間做的夢，其意義也不同」。有人認為子時（夜晚十一點至凌晨一點）所夢最準，有人主張清晨夢境更具預兆性；而在科學研究領域，也曾探討夢境與睡眠週期、夜間生理變化的關連。本節將探討東西方文化對於「夢發生的時間」是否影響夢的內容與意義之看法，並分析背後的文化邏輯與生理機制。

東方觀點：睡眠時辰與夢象吉凶的對應

東方傳統文化高度重視「時辰」對個體氣機與運勢的影響，夢境自然也被納入這套時空觀的體系中。許多古代夢書與民間習俗認為，不同時辰的夢象具有不同的準確度與預示力。

舉例而言：

・子時至丑時（23:00～3:00）之夢被認為最具預兆性，因為這是「陰氣盛極而將轉陽」之時，陰陽交會，天地感應特別強；

・寅時至辰時（3:00～7:00）之夢，常被解釋為「晨夢」，與即將發生之事密切相關，因此被視為具有高度實現可能性；

・午時或午後之夢，則多被視為身體疲累或飲食導致的「虛夢」，可信度較低。

這些觀點來自陰陽五行與十二時辰理論，強調夢與天地節律、人身經絡之間的互動關係。

第二章　夢的起源：是神靈提示還是情緒反射？

中醫解釋：五臟對應時辰與夢境反應

中醫理論中「子午流注」指出人體在不同時辰中，氣血會循行於不同臟腑，例如：

・子時（膽經活躍）：與決斷、膽識、勇氣相關，夢境常出現戰鬥、逃避或冒險；

・丑時（肝經活躍）：與情緒與血液運行有關，夢多情感張力與憤怒象徵；

・寅時（肺經）：與悲傷與生命氣息相關，夢境可能出現別離、呼吸困難等意象。

因此，不同時間夢到的內容與夢者當時氣機狀態密切相關。這套系統將夢納入整體生理節律與能量流動的觀點中，是東方解夢文化的核心之一。

西方觀點：夢的內容與「睡眠週期」更有關

西方科學則不以「時辰」為主解釋夢境內容，而著重於「睡眠週期」與腦部活動變化。一般而言，完整睡眠包含多次循環，每 90 分鐘為一週期，包含 NREM（非快速動眼期）與 REM（快速動眼期）。

大多數夢境，尤其是具象徵性、視覺性與情緒色彩的夢，發生在 REM 階段。而隨著夜晚推進，REM 期的比例逐漸增加，因此：

・清晨的夢較長、較完整、記憶更清晰；

・前半夜的夢較短，情節零碎、不易記得。

這也解釋了為何許多研究顯示「清晨的夢」最容易被記住，也最常與情緒變動與心理狀態相關。

科學實驗支持：時間點與夢的風格差異

部分實驗發現，不同睡眠階段醒來的被試者所描述的夢內容具有風格差異：

・半夜被喚醒者的夢多較為抽象、重複性高、情感模糊；
・清晨被喚醒者的夢多情節連貫、視覺鮮明、情緒濃烈。

這與大腦皮質與情緒中樞的啟動程度有關，也與記憶提取的能力連結。因此，在科學觀點中，是「腦部當下的睡眠狀態」影響夢的性質與內容。

節氣與神經週期，夢的時間在東西文化中被不同解釋

東方將夢發生的時間與天地節律、經絡運行、陰陽轉化相結合，視為預示吉凶的關鍵指標；西方則從神經生理與睡眠研究出發，認為夢的內容與睡眠階段密切相關。

這兩種觀點雖起點不同，但皆指出夢境非隨機，而是與「時間狀態」有深刻連動性。只是，一方著眼於宇宙秩序的反映，一方則探究個體生理節律的機制。

第二章　夢的起源：是神靈提示還是情緒反射？

第十節　夢的成因：內在 vs 外在的文化對立圖譜

夢從何而來？這個看似簡單的問題，在東西方文化中，卻引發了兩套幾乎完全對立的詮釋體系。東方傾向於認為夢源於宇宙、天地、神靈或氣機等外在力量，是「他者介入」的結果；而西方則普遍主張夢是來自心理與神經活動的內在產物，是「自我活動」的表現。這樣的對立不僅反映出夢的理解差異，更揭示出深層文化中對人、宇宙與自我關係的根本態度。

東方的外在起源論：夢是天地與靈界的感應

東方文化中，夢境常被理解為外在力量介入的結果，認為人身為「感應體」，可接收外部訊息。

例如：

- 生病時夢見鬼影，表示身體受陰氣影響；
- 夢見升天，可能是神明選中執行某種任務；
- 多次夢見亡者，可能是祖靈有未了心願。

這些夢被視為「天道、地氣、人身」三者互動的結果，而夢者本身在解釋中常是被動接受者，重點在於「如何回應」，如祭祀、解煞、改運等。

西方的內在生成論：夢是心理與神經活動的產物

自十九世紀末以來，西方對夢的解釋幾乎全面轉向「內在心理與生理機制」。

第十節　夢的成因：內在 vs 外在的文化對立圖譜

・精神分析學派將夢視為潛意識壓抑的欲望、創傷或焦慮的象徵變形；

・認知心理學則認為夢是大腦在處理日間資訊、記憶與情緒時的副產品；

・神經科學主張夢是 REM 期腦部自動激活下的隨機訊號重組。

在這套系統中，夢境是一場「自我與自我對話」的過程，是內在結構的組合產物。

主體與他者：夢的掌控權與詮釋邏輯

東方夢觀中，夢的內容經常需由他者——如道士、占夢師、解夢書——來判讀。夢象對應吉凶、未來或冥界事務，是「外在語言」的破譯過程。

而在西方，夢的詮釋更多轉向夢者自身的經驗與心理動能。心理治療鼓勵個體自行記錄、分析夢境，找出象徵意義並與生活困境對接，詮釋權被交還給「主體」本人。

夢的功能差異：預兆與回溯的對立

東方重夢、晨夢、神夢等概念強調夢的預知功能，是對未來或外部狀況的預兆性感應，夢境指向尚未發生之事。

西方則強調夢的回溯與統整功能，是大腦對過去事件的再處理，是潛意識未解問題的象徵回放。夢境被用來協助理解過去與當下。

第二章　夢的起源：是神靈提示還是情緒反射？

兩種夢觀的根本文化邏輯

夢的「外在起源」與「內在生成」差異，並非單純理論對立，而是兩種文化對人與世界之關係的不同建構：

・東方強調「人與天地共感」，個體是宇宙的一部分，夢是宇宙給予的信號；

・西方強調「自我為主體」，夢是個體內在心理動態的表現，是自我對世界的回應。

這樣的對立圖譜，讓夢不再僅是夜間的幻象，而成為文化認識論的縮影。

第三章
夢中的人：親人、貴人與陌生人象徵誰？

第三章　夢中的人：親人、貴人與陌生人象徵誰？

第一節　夢見父母的含意：東方與西方的不同暗示

夢中的人物，往往承載著複雜的心理與象徵意涵，而父母作為與我們生命最早期經驗緊密相關的角色，其在夢中的出現更具有深遠文化與心理層面的意義。

東方觀點：父母象徵倫常、祖蔭與命運警示

在東方傳統中，夢見父母往往與「孝道」、「祖先庇佑」或「家運興衰」緊密相連。這種解釋源自儒家倫理體系對家庭核心地位的強調，父母在夢中出現時，常被視為祖靈與天命的顯示者。

具體而言：

・夢見健在父母多表示家庭關係需調整，或代表夢者對親情有牽掛；

・夢見已故父母則被視為祖先託夢，有提醒、託付或庇佑之意；

・若夢中父母形象異常（如哭泣、生病、責罵），則常被解讀為夢者近期運勢有變、健康需注意，或有「不孝之事」未盡責。

這些夢象往往被放入吉凶預測或家族風水之判斷中，形成一套「人物即符號、親情即命理」的解夢邏輯。

西方心理學：父母象徵自我發展與內在情結

在西方夢境理論中，父母的出現被廣泛理解為「心理結構」的一環，特別是在佛洛伊德與榮格體系中。

佛洛伊德認為夢見父母可能反映潛意識中的「戀父情結」或「戀母情

第一節　夢見父母的含意：東方與西方的不同暗示

結」，尤其在青春期或壓力時期格外常見。而夢中的父母若與夢者發生衝突，可能象徵內在道德超我（superego）與本我（id）的對抗。

榮格則認為父母象徵原型（archetype）中最核心的「守護者」與「權威者」，夢中的父母可能不是現實中的父母，而是夢者內在自我發展過程中對安全、約束、依附或突破的心理表徵。

例如：

・父親出現可能代表夢者面對社會規範、責任與控制感的挑戰；
・母親出現則多與情感照顧、自我認同與依戀關係有關。

這些夢境被認為是夢者內心成長歷程的反映。

夢中父母形象的情境差異

無論東西方，都承認夢中人物的行為與情緒會大幅改變夢的意涵。

・夢見與父母爭執，在東方常被視為潛在親情疏離與家庭業力未盡；在西方則可能代表個體正處於人格獨立或內在價值衝突的階段。
・夢見父母死亡，在東方可能表示運勢有轉、需防不測；而西方則偏向象徵某階段自我認同的結束與重生。
・夢見父母關懷自己，東方視為祖蔭加持，西方則可能是潛意識中尋求支持或重建安全感的需要。

這些差異揭示了東方文化以父母作為命運中介、倫理符號；西方則以其作為內在自我對話的角色代表。

第三章　夢中的人：親人、貴人與陌生人象徵誰？

父母作為夢中角色的文化映照

夢見父母，是人類最普遍卻也最具文化性的夢象之一。對東方而言，這是祖先在說話，是天命在提醒，是家運的鏡子；而對西方而言，這是自我在反思，是情緒的折射，是內在重塑的劇場。

因此，夢中的父母，也許從來不只是父母，而是我們與世界對話時，最早也最深的影子。

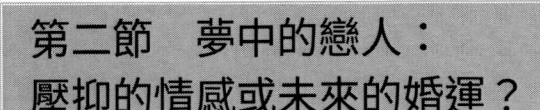

第二節　夢中的戀人：壓抑的情感或未來的婚運？

夢見戀人或愛情情境，是許多人記憶深刻的夢境經驗。這些夢往往伴隨著強烈的情緒，無論是甜蜜、渴望、懷舊，還是焦慮與不安。在東方與西方的夢境詮釋中，戀人作為夢中角色，其象徵意涵存在顯著差異。

東方觀點：戀夢多涉婚運、感情運與身分轉變

東方傳統夢解系統中，夢見戀人往往被視為吉兆或某種人生轉機的暗示。這些解釋多建構於命理觀、倫理框架與社會角色的延續上。例如：

・若夢見與戀人擁抱、交往、結婚，常被解釋為近期可能遇到好對象、婚姻運勢旺盛；

・若夢見戀人離開、爭吵、背叛，則被視為感情將出現波動，或現實中有未解開的情緒問題；

・有時夢中戀人未必是現實中熟悉的人，而是陌生人，這種情況在東方被看作是「姻緣未現身」的象徵，意味著緣分即將出現。

戀人夢與性夢、結婚夢交疊時，常與「轉運」、「懷孕」、「生子」等命運主題相關，顯示夢被當作人生階段轉變預兆的文化傾向。

西方心理學：戀人夢是內在情感與壓抑的反映

相較之下，西方心理學重視夢中戀人所反映的內在情緒與心理結構。佛洛伊德認為戀人夢常是壓抑性慾與未滿足情感的變形表現。夢者在現實中可能因社會規範或自我防衛而無法面對自己的情感衝動，於是在夢中以戀人為象徵，釋放這些潛藏欲望。

第三章　夢中的人：親人、貴人與陌生人象徵誰？

　　榮格則提出戀人夢可能代表「阿尼瑪」(anima)或「阿尼姆斯」(animus)——即男性內心的女性原型、女性內心的男性原型。這些夢象是夢者人格中尚未整合的陰性或陽性面向。

　　例如：

　　・一位女性夢見自己與一位神祕男性親密，可能象徵她渴望勇氣、決斷力等尚未發展的陽性特質；

　　・一位男性夢見與理想女性相戀，則可能象徵他正在與自己柔軟、關愛、自我接受的一面接觸。

情緒氛圍與夢的解釋方向

　　在東西方皆然，夢中的情緒氛圍大大影響對戀人夢的詮釋：

　　・如果夢中感到幸福與安定，東方可能解釋為愛情順遂，西方可能解釋為內在關係穩定；

　　・如果夢中出現焦慮、被拒絕或混亂感，東方可能視為姻緣不穩、需調整命格；西方則傾向於理解為夢者對關係的恐懼、自我價值感低落或親密焦慮的反映。

　　此外，重複出現的戀人夢，也可能表示夢者內心仍未釋懷某段感情，或現實中對情感連結的渴望。

特定情境與文化投射

　　夢中戀人並非總是現實伴侶，有時可能是前任、陌生人、明星，甚至幻想人物。這些象徵對東方與西方來說也有不同解讀：

　　・東方文化中，夢見前任常被視為「舊緣未斷」、情劫未解，可能與命理中「前世情債」觀念有關；

・西方則認為夢見前任更多是「未完成課題」的提示，可能夢者尚未整合這段經驗。

此外，夢見陌生戀人，在東方是未來姻緣之兆，在西方則可能是對未知自我或未開發性格特質的探索。

戀人夢是一種複雜的象徵容器，既可能反映當下情感狀態，也可能映照出夢者的心理投射與未實現的內在潛能。

第三章　夢中的人：親人、貴人與陌生人象徵誰？

第三節　小孩與老人：自我不同階段的投射

在夢中，小孩與老人的出現時常帶有濃厚的象徵性與情感色彩。他們不只是夢境中的人物角色，更是文化與心理結構中的重要象徵符號。東西方對夢中小孩與老人的解釋，揭示出對生命週期、人格發展、世代傳承與內在心理歷程的根本理解差異。

東方觀點：世代角色與命運暗示

在東方傳統中，小孩與老人通常不被視為單純的年齡象徵，而是命運狀態、家族系統與生命循環的載體。

・夢見小孩常被解釋為「新機會」、「新緣分」，也可能與生育運、子女運、事業新局有關；

・若夢中小孩哭鬧、受傷，則被視為預警，暗示家庭內有潛在紛爭或運勢阻滯；

・夢見老人則常被視為智慧、庇佑與陰間使者的象徵，尤其若是陌生老人，可能代表祖先託夢、神靈警示或轉運契機。

這些解釋建基於「祖靈觀」的文化框架，夢中人物往往超越現實年齡意義，而指涉一整套宗教與命理系統。舉例而言，有些地區相信夢見白髮老人入屋，是福氣將至；夢見嬰兒大笑，則象徵好消息將臨，甚至被認為是貴子將生。

在東方民間信仰中，「夢見小孩」有時也被解釋為祖先轉世或前世緣分重現，因此不少人會在夢後前往廟宇占卜或尋求解釋，進一步確認這是否是命中注定的轉機訊號。

西方心理學：人格發展與自我歷程的縮影

在西方夢境理論中，小孩與老人被理解為夢者內在人格中不同發展階段的象徵，這種解釋強調的是心理歷程與潛意識的整合。佛洛伊德認為小孩象徵未成熟欲望與依附，夢中的小孩可能反映出夢者尚未處理的童年議題。

榮格則進一步拓展這個觀點，小孩代表「未實現的潛能」，是夢者向整體人格邁進過程中的起點。這些夢境有時提醒夢者需面對早期受傷的經驗，進行心理修復與重建。而夢中的老人則象徵智慧、自律與靈性，是一種更高層次的內在整合呼喚。

例如：

‧夢見孩童在荒蕪空地玩耍，可能象徵夢者正尋求純粹的情感表達與創造能量；

‧夢見老人安靜地注視自己，則可能暗示夢者正在進入反思期，開始回顧過往、重新定位自我。

在心理治療過程中，小孩與老人的夢象常被視為個體化歷程中極為重要的象徵節點，是潛意識向意識傳遞自我統整需求的具體形式。

情境與互動：動態詮釋與文化歧異

在東方，夢見抱起小孩常被解釋為迎新氣、帶財或有孕象；夢見老人引導自己前行，則可能被理解為「得神指路」，具有強烈的外力導向性。

在西方，夢中與小孩互動可能象徵夢者正試圖接觸自己的「內在小孩」，與情緒傷痕和解；而與老人交談或接受建議，則意味著夢者開始接納更成熟或靈性的自己。

第三章　夢中的人：親人、貴人與陌生人象徵誰？

此外，若夢境中出現年齡反轉（如夢者自己變成小孩或突然老去），在東方可能解釋為陰陽交錯、運勢更動；而在西方則被視為「身分退化」或「人格整合」過程中的象徵意義。

夢中人物，映照我們的時間感與自我狀態

夢中的小孩與老人，是時間的縮影，是夢者如何看待自己生命週期、角色變化與心理狀態的象徵鏡像。

東方注重角色背後的家運、祖蔭與命理連動，透過這些人物連結神靈、前世與來世的脈絡；西方則聚焦於這些人物如何揭露夢者當下未解的自我課題與成長可能。

在夢裡，小孩可能是你尚未實現的熱情，老人可能是你壓抑已久的智慧。他們可能代表傷口，也可能代表解方。他們從不只是過客，而是你自己，在不一樣的時間裡，以另一種姿態出現，等待你辨識、理解與擁抱。

第四節　陌生人出現是什麼徵兆？文化判讀的落差

夢中若出現一個陌生人 —— 你不認識他、從未見過他，甚至夢醒後仍覺得陌生卻印象深刻 —— 這樣的情境常讓人不安，甚至產生強烈好奇：這個人是誰？為何出現在我的夢中？他是某種象徵、提示，還是冥冥中的靈性暗示？本節將從東方與西方的角度，探討「夢見陌生人」背後的不同詮釋方式與文化意涵。

東方觀點：陌生人作為預兆角色或靈界使者

在東方文化，特別是受道教與民間信仰影響的系統中，夢中的陌生人往往不被視為偶然的角色，而可能是「託夢者」、「靈界中介」或「未顯之緣」的象徵。

例如：

・若夢中陌生人衣著整齊、氣質安詳，常被視為「貴人將至」，代表現實中將有重要人事轉變，可能是提攜者、合作夥伴或婚緣對象；

・若夢中陌生人面貌模糊、表情怪異，則常被解為「邪煞干擾」，尤其在夜半夢見黑衣男子、紅衣女子等，更被視為靈異暗示，需特別小心健康或家運波動；

・若夢境中與陌生人發生劇烈互動（爭執、戰鬥、親密），則會被解釋為「業力展現」或「因果對照」，提醒夢者近期可能會面對重大抉擇。

這些解釋建基於「夢為感應系統」的文化邏輯 —— 陌生人是尚未顯現於現實的人、事、因緣或力量的投影。

第三章　夢中的人：親人、貴人與陌生人象徵誰？

西方心理學：陌生人是潛意識的具象化

在西方心理學，特別是榮格學派的體系中，夢中的陌生人被稱為「影子」（Shadow）或「他者」（The Other），這些角色是夢者潛意識的一部分，是那些尚未被意識接受或整合的心理面向的具象化。

・一個威脅性的陌生人可能象徵夢者內心壓抑的衝動、恐懼、創傷或未解決的情緒；

・一個慈祥的陌生人可能象徵夢者潛藏的智慧、創造性、自癒能力，或者是渴望建立關係的內在需求；

・有時，陌生人還可能代表夢者「尚未發展出來的自我」，例如潛力、選擇，或某種可能的未來自我版本。

這些角色構成「心理劇場」的一部分，是潛意識藉由他者形象所進行的內在對話。

情境差異：行為、距離與情緒的意義

在詮釋夢中陌生人時，無論東西方都極為重視夢境中的情境元素：

・若陌生人主動接近你、說話或給予物品，在東方可能代表「貴人現身」、「有事交代」，在西方則可能象徵你準備面對某個內在面向；

・若你試圖逃離陌生人，東方會認為你在逃避命運安排，西方則視為你正在對某段過往創傷或內在衝突產生防衛機制；

・若你與陌生人有強烈情緒連結（如愛慕、憤怒、悲傷），兩者皆會視之為夢者當下人生狀態的鏡射，但是所依賴的解釋工具迥異——東方參考象徵與陰陽五行，西方依賴精神動力學與心理投射理論。

特殊角色與集體潛意識

榮格提出，某些夢中的陌生人可能不是個人層面的象徵，而是集體潛意識中的「原型」，例如：

・黑衣男子象徵陰影面與權威壓迫；

・蒼老女性象徵直覺與神祕知識；

・年輕旅人象徵新人生道路的召喚。

這些原型也會出現在宗教故事、神話與民間傳說中，因此當這些形象出現在夢境時，可能不只對應個人心理，還連結到文化記憶與人類共有經驗。

第三章　夢中的人：親人、貴人與陌生人象徵誰？

第五節　有地位的人入夢：貴人還是壓力來源？

當夢境中出現一位具有地位、權力或威望的人物——可能是現實中的長官、老師、知名人物，甚至歷史人物或虛構的權威形象——這樣的情境往往令人震撼或壓迫。這些人物的出現，到底是象徵支持與助力，還是反映焦慮與內在壓力？

東方觀點：貴人象徵與階級庇佑

在東方傳統文化與夢書體系中，地位崇高者的夢象多被正向解讀為「貴人將至」、「升官發財」、「命格轉變」的吉兆。

・夢見官員、帝王、富商或尊者，通常與「運勢將開」或「階層攀升」相關，被認為是命理中「貴人星動」的象徵；

・若夢中與這些人物言談和諧、受邀宴請、被指引方向，則被解讀為事業將有轉機，或近期將得他人提攜；

・若夢中受到斥責、羞辱或忽視，則常代表近期「氣數不順」、「官司口舌」、「權位受壓」，提醒夢者謹言慎行。

這些解釋與東方社會強調階級、血緣、命格與氣運有密切關連。在這種邏輯下，夢中的高位人物不僅是一種社會角色，也是一種「天命」或「福澤」的代表。

西方心理學：權威象徵與自我壓力投射

在西方夢境理論中，夢見地位高者通常被視為內在心理投射的結果，特別關係到權威、控制、目標與自我價值感。

・佛洛伊德將這類夢解釋為夢者對「超我」（Superego）的感知，也就是內心中父母、道德規範、社會期待的化身，這些夢反映夢者是否感到「被要求太多」或「無法符合期待」；

・榮格則視權威人物為「原型中的父權象徵」，夢者可能正在經歷自我界線與外界標準之間的張力，例如追求成功但是內心感到不安與未竟。

此外，若夢者正處於重大轉變（如升職、結婚、升學），這類夢也可能是「心理適應壓力」的具象反應──夢中地位高者的出現提醒夢者目前正面對未知責任與自我要求。

情境與關係：互動的方式影響詮釋

夢中與高位人物的互動模式會改變整體解讀方向：

・在東方，若被封官、受賞、接見，表示事業上即將迎來轉捩點；若被冷落或打壓，則要警惕人際與職場環境的壓力源；

・在西方，若夢中感到敬畏、害怕或拘束，代表夢者在現實生活中可能面臨「過高的外部標準」或「內在自我否定」；

・若夢中夢者自己成為高位人物，東方解釋為「運勢飛升」，西方則可能視為夢者內在權力感的重建，或對掌控力的渴望。

地位之夢，是祝福還是壓力？

夢見有地位的人，在東方常與命運、貴人、社會上升階梯相關，是外在轉變的象徵與預兆；在西方則多與權威投射、自我認同與心理壓力有關，是內在結構調整的表現。

第三章　夢中的人：親人、貴人與陌生人象徵誰？

　　從文化上來看，東方強調「位階帶來福報」，夢者在結構中尋找位置與認可；西方則強調「權威引發反思」，夢者試圖與自身期待對話與整合。

　　貴人或壓力，不一定只存在夢中角色本身，更多時候，是夢者在面對未知與自我挑戰時，內外世界所交織的象徵。

第六節　夢見死去的人：思念、牽引還是超自然？

夢見已故之人，無論是至親好友、歷史人物，甚至是從未謀面的亡者，都是許多夢者深刻且難以忽略的夢境經驗。這些夢境常帶有強烈情緒，有時令人感動，有時卻令人毛骨悚然。這些夢到底代表對逝者的思念，還是靈界的訊號？是過去的心理殘影，還是潛意識的自我對話？本節將從東方與西方兩種文化系統切入，探討夢中「死去的人」之象徵意義。

東方觀點：祖靈顯示與命運警訊

在東方文化中，夢見已故之人多半不被當作單純回憶，而是祖先有事相託或來「託夢」。

‧若夢見親人穿著整齊、語氣溫和，多被解釋為「報夢」，象徵祖先安好、庇佑子孫；

‧若夢見親人表情憂傷、開口求助，則常被解讀為「未安」，可能與祖先未妥善安葬、未盡孝道、風水失調有關；

‧若夢見從未見過之亡者，則可能為「過路魂魄」，被視為需要處理的陰煞之兆，提醒夢者留心健康與運勢。

在道教與民間信仰中，這類夢往往與普渡、祭拜、改運有關，甚至發展出專門的夢占方式，例如透過夢中亡者給的物品、話語、表情判斷吉凶。

第三章　夢中的人：親人、貴人與陌生人象徵誰？

西方心理學：情緒修復與未竟課題

　　西方心理學對「夢見死去的人」則多從心理創傷與情緒修復的角度切入。

　　・佛洛伊德認為這類夢可能反映壓抑的哀傷或未處理的失落情緒，是夢者潛意識在回溯過去、整理哀悼；

　　・榮格則強調夢中的亡者可能是「內在智慧的化身」，代表個體從失落經驗中獲得新認知的可能性；

　　・現代悲傷治療研究指出，夢見已逝之人是悲傷歷程中極為正常的心理過程，有助於夢者整合對死亡的理解與自我定位。

　　特別是在夢中與亡者「對話」的情境，常被視為潛意識創造出的「情緒調節空間」，讓夢者能面對無法道別、來不及彌補的遺憾。

情境要素：亡者狀態與互動方式的解釋差異

　　夢中亡者出現的情境，亦會深刻影響解釋方向：

　　・東方強調「表情與動作」：亡者若笑容慈祥，是好兆；若沉默冷漠、背對夢者，則可能象徵陰界之干擾；

　　・西方強調「情緒反應」：夢者感到安心、平靜者，表示已逐步完成哀悼歷程；若感到恐懼或罪惡，則需處理未解的內在衝突。

　　夢中若出現「亡者帶你走」、「給你東西」、「邀你同行」等情境，在東方被視為兇兆，需避忌、作法或進行宗教儀式；而西方則更多理解為潛意識對死亡議題的探問，未必具有實際危險意涵。

死者的身分與象徵層次

・若夢見至親故人,東方解釋為親情未了或祖靈庇佑,西方則視為情緒記憶的回返或人格歷程的一部分;

・若夢見名人或歷史人物,東方多視為「靈界力量顯現」、提醒命格轉變,西方則多解釋為夢者對某種人格典範的心理投射。

值得注意的是,夢中的死者不一定代表現實中的那個人,而可能是夢者內在的一段生命歷程、一段自我關係的象徵。例如夢見已逝的母親,可能象徵夢者內在母性的覺醒,也可能是對安全依附的回顧與重建。

第三章　夢中的人：親人、貴人與陌生人象徵誰？

第七節　角色的象徵層次：個人經驗 vs 文化集體

夢境中的人物角色，從親人到陌生人，從戀人到權威者，看似各自分屬不同意義，但從象徵學與文化心理的角度來看，這些人物往往同時蘊含兩種層次：一是夢者的個人經驗所形塑出的投射符號，另一則是集體文化所內建的象徵代碼。本節將以「個人 vs 集體」為思維軸線，對照東西方在解讀夢中角色意義上的差異。

東方文化：角色承載的是命運密碼

在東方解夢系統中，夢中的角色常被視為具體的預兆符號，這些角色不僅反映個人情感，也被看作命理或外力感應的投射：

・小孩象徵「新緣分」或「未來福氣」；
・老人象徵「祖靈庇佑」或「神明指引」；
・貴人象徵「時運將至」；
・仇人或冤魂則可能是「業障顯現」。

這些角色解釋建構在五行、陰陽、風水、天人感應等集體信仰體系之上。人物的出現不只是內心狀態的反映，更是「外部宇宙訊號」的顯影。角色的象徵性來源於文化預設，而非僅是個人過往的經驗聯想。

西方心理學：角色是內在心象的拼圖

與東方注重「外部系統」不同，西方從佛洛伊德、榮格以降，多強調夢中人物的象徵性是來自夢者的內在結構與經驗記憶。

・父母可能是道德超我（superego）或保護需求的象徵；

第七節　角色的象徵層次：個人經驗 vs 文化集體

・異性角色可能代表夢者內在未整合的阿尼瑪或阿尼姆斯（anima／animus）；

・陌生人可能是夢者「尚未面對的自己」，也就是所謂的影子（shadow）。

這些角色雖然有共通模式，但每一位夢者的具體解釋都根據其個人生命經驗、潛意識內容與當下心理狀態而定。因此，夢境是一場自我對自我的隱喻對話，角色象徵的意義是開放而動態的。

集體象徵的融入與差異

榮格提出「集體潛意識」的概念，指出某些夢中人物其實不單屬於夢者個人，而是源自人類共同的文化經驗與神話原型：智者、英雄、母親、騙子、預言者……這些角色在各種文化中都有蹤跡。

西方解夢者會辨識夢中是否出現這類角色，以判斷夢者與集體文化連結的心理狀態。例如：夢中女巫可能象徵智慧與直覺，也可能象徵恐懼與排斥。

但東方對集體象徵的理解方式則更「實體化」——文化會直接告訴你夢見什麼代表什麼。例如：「夢見蛇＝轉運或懷孕」，不論夢者對蛇的個人感受如何，詮釋已經被集體文化固定。

象徵是語境系統

在東方文化中，夢中角色象徵的是一個「集體已定義」的命理語彙；而在西方心理體系中，夢中角色則是「個體對潛意識語言」的回應。

兩者皆重視象徵，但東方象徵更傾向於固定的比對與預言式系統；西方象徵則強調主觀經驗與心理動力的變化關係。

夢中的角色不只是某個人，他們是你人生經歷、社會文化、潛意識投影與歷史原型交織出的象徵總合。

第三章　夢中的人：親人、貴人與陌生人象徵誰？

第八節　異性在夢中出現的文化解釋差異

夢見異性，是許多人夢境中最常見也最難以忽略的情境。無論是戀人、陌生人、童年同學或幻想對象，異性角色的出現往往伴隨著情感波動、性暗示，甚至某種神祕感。在東方與西方的文化脈絡中，夢中異性代表的象徵意涵有著顯著落差，這種落差反映出性別觀念的差異，也揭示著潛意識結構與文化期待的不同建構方式。

東方觀點：異性象徵命運、姻緣與吉凶徵兆

在東方傳統中，夢見異性多半被視為與「姻緣」、「桃花運」或「命格流轉」相關的吉凶徵兆。無論夢中出現的是已知的異性或完全陌生的人物，解夢系統常將此與現實中的感情、婚姻、子嗣等人生大事連結。

・若夢見與異性親密、相伴，通常被解釋為桃花將至、婚緣可期；

・若夢中異性冷漠、離去或轉身，則可能暗示緣分未到、感情受阻；

・若異性角色身分特殊（如穿著異常、地位尊貴、出現於寺廟或墳地），則多被視為「託夢」或「靈界預示」，不單是感情暗示，更與命運系統有所牽連。

此類解釋深受陰陽互動與命理五行的影響，異性象徵「他者的氣場介入」，可能改變夢者的運勢方向。尤其夢見與異性共行於水邊、山道、樓梯等地，更被視為人生階段轉變的隱喻。

西方心理學觀點：異性象徵內在未整合的自我

西方夢境心理學，尤其榮格學派，對異性角色的詮釋建構在「人格整合」的觀點上。榮格提出「阿尼瑪」（女性原型）與「阿尼姆斯」（男性

第八節　異性在夢中出現的文化解釋差異

原型)概念,指出每個人內在都存在一個與自己性別相反的心理結構,夢中的異性即是這一潛在面向的具象呈現。

・男性夢見女性,可能是內在柔軟、情感、直覺、照護等特質的呼喚;

・女性夢見男性,可能象徵理性、行動、堅毅、自信等被壓抑或未發展的潛能;

・若夢中異性與夢者互動良好,表示夢者正在接納並整合這些人格元素;

・若夢中異性令人不安或敵對,則可能象徵夢者對該面向仍有抗拒與陰影未處理。

這樣的夢境與性或情感無關,異性的出現是個人內在心理的鏡子。

情境分析：親密、距離與身分的象徵變化

・若夢見與異性接吻、擁抱、性交,在東方文化常被直接解釋為吉兆或與感情、懷孕、轉運有關;在西方則視為潛意識中壓抑欲望或整合需求的浮現。

・若夢中異性神祕、無語、在遠方注視夢者,東方可能將其解釋為冤親債主、祖靈託夢;西方則可能視為尚未辨識出的原型,或夢者對某段關係的未竟情感。

・若異性為過去的戀人或前任,在東方代表「舊緣未斷」、情關未過;在西方則被理解為夢者尚未整合這段經歷或仍有情緒遺留。

異性不只是對象,也是象徵語言

在東方,異性角色往往被固定為「外部事件的預兆」——愛情、婚姻、吉凶、轉運的象徵;而在西方,異性角色則被視為「內在自我的象

第三章　夢中的人：親人、貴人與陌生人象徵誰？

徵」——潛藏性格與心理結構的反射面。

　　這種差異使得同一個夢象在不同文化中產生完全不同的詮釋路徑：東方從命理解釋他者對自己的影響，西方則透過象徵語言解析自己對他者的投射。

第九節　多重人物夢境與自我分裂觀的東西落差

夢中若同時出現多位人物——親人、朋友、陌生人、過世者，甚至夢者自己出現兩個以上的形象——這種「多重人物夢境」引人深思。在這樣的夢裡，角色之間可能互動、衝突、合作，甚至互換身分。這類夢境在東方與西方的夢解體系中，分別承載了不同的文化想像與心理機制理解。

東方觀點：眾象紛呈，吉凶多元映照

東方夢解文化中，多人物夢境往往被視為「群像匯聚」的象徵，是運勢多變、人事糾葛或命理轉折的提示。

・若夢中多位親友同時出現，常解釋為家庭或人際間即將發生變化；

・若夢境中人物之間有明顯衝突，則可能象徵夢者正面對關係張力或選擇困境；

・若出現數位貴人、神明、歷史人物等，則多解為大吉之兆，表示運程旺盛或事業將有突破。

這種多角色結構將人物視為外在運勢的具象化。

西方心理學：夢中多角色是內在自我分裂的象徵

與東方偏重外應相反，西方心理學尤其強調多重人物夢境反映的是夢者內在的多重自我面向。佛洛伊德與榮格皆指出，夢中不同角色常代表夢者潛意識中的分裂人格、衝突情緒或尚未整合的自我片段。

・一個夢境中出現父母、戀人、孩子、自己，可能代表不同生命階段的自我正在互動、對話或掙扎；

・若夢中出現兩個「自己」，則被視為「自我分裂」的顯現，象徵夢

第三章　夢中的人：親人、貴人與陌生人象徵誰？

者在現實中正面對角色衝突、身分不穩或價值對立；

・當夢中角色互動激烈，可能反映夢者內心正經歷決策困難、情感糾葛，甚至與道德價值體系的抗衡。

榮格更進一步提出，多角色夢境可能是「自性」（Self）召喚夢者進行內在統整的訊號，是個體化歷程中極為關鍵的象徵。

情境案例：同一夢中角色重複出現或互換身分

・在東方夢書中，若一人多次在夢中變化身分，常被視為陰陽交錯、靈界示警；

・在西方心理學中，這種變化則可能象徵夢者人格中的動盪與探索，例如從被動的角色轉為主導者，或從受害者轉為攻擊者，反映潛意識中身分認同的重組需求。

集體與個體的解夢分野

東方解夢將多重人物視為命運投影與關係網的縮影，夢者在其中是受眾與觀察者；

西方則將之視為個體內心分化的現象，夢者既是導演也是演員，是整場心理劇的主體。

這種差異反映了文化深層的世界觀傾向——東方強調天地之間的感應與秩序，夢是對宇宙律動的回應；西方則強調個體內在的探尋與統整，夢是自我心理動能的表現。

在夢裡，每個角色都可能是夢者的另一個面向——壓抑的欲望、未解的恐懼、尚未被看見的潛力，或正在被整合的碎片。夢者，便是多重聲音的交織者。

第十節　人物象徵的文化對照表建立

經過前九節的梳理，我們已看見夢中人物角色在東西方的詮釋中呈現出豐富而差異化的象徵意義。東方傾向將夢中角色視為命理感應、吉凶預兆與宇宙秩序的反映；而西方則更強調角色所代表的心理結構、潛意識動能與人格整合進程。本節將以對照表的方式，統整各類典型夢中人物在東西方的象徵意義，建立一套文化比較框架。

人物象徵對照表

夢中角色	東方象徵觀點	西方象徵觀點
父母	家運、祖蔭、孝道與命格警示	道德規範、依附關係、超我（Superego）結構
小孩	新生命、新緣分、子嗣運、轉運徵兆	純真、潛能、未整合自我、內在小孩
老人	祖靈顯現、神祕警示、智慧象徵	智慧、直覺、自性導師、自我成熟
戀人	桃花運、婚姻徵兆、生育暗示	壓抑欲望、阿尼瑪／阿尼姆斯（陰陽原型）
陌生人	靈界干擾、貴人將至、過路魂	潛意識陰影、自我未整合部分
已故親人	陰陽未安、祖先託夢、靈界警示	哀悼歷程、未完情緒、情感記憶修復
高位人物（官員等）	運勢將開、貴人出現、升遷象徵	權威壓力、自我期許、內在權力結構
神明	天意指示、命運轉變、祭祀需求	心靈原型、神性原則的象徵、靈性整合

第三章　夢中的人：親人、貴人與陌生人象徵誰？

夢中角色	東方象徵觀點	西方象徵觀點
多重自己	魂魄異動、身分搖擺、陰陽未定	自我分裂、角色張力、人格統整過程
歷史／傳說人物	神祇顯現、前世緣分、文化祖靈	心理原型、集體潛意識的象徵、文化投射

這張對照表呈現出東西方對夢中人物的根本詮釋差異：

‧東方傾向以命運秩序與吉凶為基礎，人物是天象、人事與命格的具體顯影，重視外部力量對個體命運的牽引；

‧西方則強調夢者作為主體與潛意識對話，人物是內在情緒、心理結構與成長歷程的折射，是心靈自療過程中的象徵媒介。

此外，東方視人物為一種「外應符號」，其意義可依夢書對照解釋，具有穩定性與預測性；而西方視人物為「心理拼圖」，必須依照夢者個人經歷與當下處境予以動態詮釋。

第四章
夢中出現的動物與物品：
象徵誰？暗示什麼？

第四章　夢中出現的動物與物品：象徵誰？暗示什麼？

第一節　蛇是好是壞？東方說轉運，西方說性壓抑

夢見蛇，是全球文化中最具爭議與象徵張力的夢境之一。蛇的形象既神祕又矛盾，牠可以是神聖、再生與療癒的象徵，也可以是危險、誘惑與恐懼的化身。東西方對蛇的夢境解釋，正好顯示出兩種文化在象徵語言與心理詮釋上的根本差異。

東方觀點：蛇是轉運之兆，也是靈界象徵

在東方傳統解夢系統中，蛇是極具神祕力量的動物，其形象常與「陰」、「地氣」、「靈界通道」等概念結合，夢見蛇並不直接代表恐懼或危機，反而常被視為轉運、發財或受祖靈庇佑的象徵。

・夢見白蛇，被認為是靈獸出現，預示貴人將至或家中將有喜事；

・夢見蛇纏身，在某些地區被解釋為轉運、升官之兆，代表陰氣上升，陰陽之氣將平衡；

・夢見殺蛇，可能象徵破災、解毒，也可能是斷絕前緣或斬業力的隱喻。

特別是在道教與民間信仰中，蛇是山神、土地神、祖靈顯化的形體之一，夢中蛇的出現被視為祖先或神祇給予的感應。若在夢中與蛇對視或溝通，更被視為「接收神意」的吉象。

西方心理學：蛇是性壓抑與內在衝突的象徵

西方夢境理論，特別是在佛洛伊德與榮格的架構中，蛇幾乎無一例外地被賦予強烈的潛意識意涵，尤其與性、權力、恐懼與原型能量有關。

第一節　蛇是好是壞？東方說轉運，西方說性壓抑

・佛洛伊德將蛇視為男性生殖器的象徵，夢見蛇可能代表性壓抑、慾望衝突或戀父戀母情結的轉換形式；

・榮格則視蛇為潛意識中的「原始能量」，可能象徵內在自我尚未整合的陰影部分，亦有重生與蛻變的可能性；

・若夢者感到恐懼，可能表示內在對某種欲望或創傷記憶的逃避；若夢者對蛇好奇或親近，則可能象徵個體開始面對自我陰暗面、準備進入心理轉化的階段。

此外，蛇在聖經故事中為誘惑者的角色，在文化潛意識中深植為「罪」、「原罪」與「墮落」的象徵，也強化了西方人夢見蛇時的心理排斥與道德焦慮。

情境對照：同一夢象，不同詮釋

夢境情境	東方解釋	西方解釋
被蛇纏繞	得財運、轉運、靈界感應	情緒困境、性壓抑、內在壓力
蛇咬自己	小凶、有口舌或健康警示	內在創傷浮現、自我懲罰傾向
殺蛇	解災、斷孽、命運反轉	對陰影的對抗、自我轉化的開端
與蛇共處無懼	神獸保佑、命格順遂	自我整合、內在力量的認可

蛇是鏡子，也是試煉

夢見蛇，其實是夢者與自己深層情緒與文化背景的相遇。

・東方將蛇視為靈氣之物，是天地間陰陽變化的媒介，牠的出現代

第四章　夢中出現的動物與物品：象徵誰？暗示什麼？

表機會、預警、祖靈、轉運與命理介入；

・西方則將蛇視為內在衝突的象徵，是欲望、創傷、潛能與陰影之間的心理拉鋸。

因此，一條蛇在夢中滑過的軌跡，不只是嚇人的經歷，也可能是一條精神轉化的線索。

第二節　狗代表忠誠？還是內心的不安？

狗在人類文明中長期扮演重要角色，不僅是生活中的伴侶，也具有守護、狩獵、警示等多重功能。在夢中，狗的形象也因文化背景不同而呈現出兩種截然不同的詮釋傾向——在東方，狗常被視為忠誠與守護的象徵；而在西方心理學中，狗則可能暗示內在焦慮、不安或被壓抑的情緒狀態。

東方觀點：忠誠守護、運勢警示的動物象徵

在東方夢解傳統中，狗是具有「預警性」的靈獸，其夢中形象常與忠誠、保護、預兆有關，也經常與家運、人際與財富掛鉤：

‧夢見狗守門，被解釋為家庭安穩、有祖靈守護，象徵「家運不亂」；

‧若夢中狗親近夢者、搖尾示好，表示近期將有貴人出現，或人際關係獲得改善；

‧若夢中狗咬人或追咬夢者，則被視為「小人暗害」、「有人背後說閒話」、「有口舌官非」的預警，需慎言慎行。

狗在東方命理與生肖文化中也與「門戶之氣」有關，夢中狗的出現常反映風水能量或家中陰陽平衡的變動。例如夢見黑狗進門，有人認為是陰氣聚集，也有人認為是鎮宅之靈顯示其力量。

西方心理學：狗是情緒狀態的投射與控制象徵

西方心理學對狗的詮釋較少帶有命理預測性，而更傾向於將狗視為夢者內在情緒的象徵載體，尤其與忠誠、情感依附、安全感及潛在焦慮有關。

第四章　夢中出現的動物與物品：象徵誰？暗示什麼？

・若夢中的狗溫馴、可愛，常被解釋為夢者內心的穩定、安全、被接納的情感需求滿足；

・若夢中的狗攻擊性強，則可能代表夢者正在壓抑某些衝動情緒、恐懼或對他人的不信任；

・若夢者夢見自己被狗追，心理分析常指向「過度責任」、「被依賴焦慮」、「逃避義務」等心理壓力象徵。

佛洛伊德將狗視為「訓化後的欲望」象徵——牠原是野性本能，但經過社會規訓後成為可控制的陪伴動物，因此夢中的狗常是夢者如何面對自己欲望與控制之間矛盾的寫照。

榮格則認為狗是原型中「守門者」的一部分，夢中的狗可能出現在個體意識進入潛意識關口前，象徵夢者正在邁向深層探索，而狗是協助者，也是考驗者。

情境對照：狗在夢中所處狀態與詮釋變化

夢境情境	東方解釋	西方解釋
狗靠近你	有貴人將至、感情順利	情感需求獲得滿足、渴望依附與安全感
狗咬你	小人作祟、言語糾紛	潛在焦慮、內在衝突、未釋放的怒氣
狗死掉	家運轉弱、需防災破財	舊關係結束、自我保護結構的崩解
你餵狗	得善緣、積福、人際和合	對內在情緒的照顧、自我接納行為

忠誠的象徵，還是情緒的警報器？

狗在夢中，是文化與潛意識的雙重代言者：

· 在東方，它是忠誠的靈獸，是貴人運、家運、風水流轉的守門者，代表外在關係與命運走向；

· 在西方，它則是心理狀態的投影，是依附、恐懼、被壓抑的欲望與防衛機制的象徵。

夢見狗，提醒我們要關照的不只是與外界的關係，也包含內心是否正在發出一種「不安」的訊號。

第四章　夢中出現的動物與物品：象徵誰？暗示什麼？

第三節　飛鳥、老虎、魚：夢中動物的文化語言

夢中的飛鳥、老虎與魚，分別象徵著自由、力量與潛意識中的流動性。這三類動物在東西方文化中皆占有重要地位，其夢境意涵亦隨文化語境而轉變，展現出夢境作為語言的文化多重層次。

飛鳥：自由或靈魂的象徵？

在東方，夢見飛鳥常被解釋為與「自由」、「遠行」、「靈性提升」相關的吉兆：

・夢見鳥群飛翔，被視為事業將開拓、人際廣結的好預兆；

・若夢見鳥落在身上，則象徵貴人來訪、機緣將臨；

・特定鳥種如鳳凰、白鶴，更具神獸象徵，暗示夢者與天命相通或福澤將至。

而在西方心理學中，飛鳥象徵自由的靈魂、思緒的延展，也可能象徵夢者對脫離壓力與現狀的渴望。榮格將鳥視為「靈魂原型」的載體，象徵潛意識中關於啟示、靈感或靈性召喚的訊號。

・若夢見鳥在高空盤旋，可能代表夢者正進行精神提升或尋求超越自我；

・若鳥被困或折翼，則代表夢者內心的自由受限、想像力壓抑。

老虎：權威與恐懼的象徵

老虎在東方文化中具有強烈的陽性能量，是王者、守護神與武將的象徵：

第三節　飛鳥、老虎、魚：夢中動物的文化語言

・夢見老虎接近，表示壓力將臨或有強敵出現，也可能象徵內心鬥志與勇氣被激發；

・若夢中騎虎或馴虎，則被視為大吉，意味夢者能掌握權勢、壓制困難；

・若老虎攻擊夢者，則警告夢者近期需防人事衝突或健康危機。

在西方，老虎多被視為潛意識中「野性力量」的象徵，也可能是憤怒、壓抑本能的顯現。佛洛伊德認為，這類猛獸夢可能是夢者潛藏欲望的代償反應。榮格則將之視為陰影自我的一環，是尚未整合但強烈存在的本能力量。

・若夢者與老虎和平共處，可能象徵內在力量已被整合；

・若夢者被老虎追趕或咬傷，則代表夢者正逃避某種情緒壓力或自我挑戰。

魚：潛意識、財運或生育的符號

魚在東方解夢中有極高的象徵價值：

・「魚」與「餘」諧音，象徵富足與財運；

・夢見活魚游動，多被視為機會將至、財運開展；

・若夢見釣魚，則表示夢者將主動掌握命運，有所收穫；

・若魚死、魚跳出水面，則可能象徵財務損失或事業挫折。

在西方，魚象徵潛意識的活動，與水一樣代表情緒與無意識世界。夢見魚常與性、創造力、生育或宗教經驗有關。特別在基督宗教文化中，魚還有神聖與信仰的象徵意涵。

・若魚在水中自由游動，代表夢者與潛意識連結良好；

第四章　夢中出現的動物與物品：象徵誰？暗示什麼？

- 若魚困於魚缸、魚塘，則暗示情緒被限制或精神追求受阻；
- 若魚變異、融合人形，則可能象徵內在轉化、靈性蛻變。

動物是文化的語言，也是夢者的鏡子

夢中飛鳥象徵心靈與自由、老虎代表力量與陰影、魚則指向潛意識與情緒能量。這些象徵被文化語境深刻塑形：

- 東方強調動物與人事運勢的連動，是天命吉凶的象徵外顯；
- 西方則將動物作為內在心理狀態、潛意識內容與人格發展的反射工具。

夢中的動物，是我們如何觀看自己、社會與生命階段的一面鏡子。每隻夢裡出現的飛鳥、猛虎或游魚，都是夢者潛意識為自己安排的象徵語言。

第四節　鏡子、門、窗：意象物件的象徵性對照

夢境中的物件不僅是背景或道具，許多具有「空間過渡」或「映照功能」的意象物品，如鏡子、門與窗，往往具有高度象徵性。在東西方夢解系統中，這些物件皆超越其物理形象，成為意識、潛意識與文化之間的重要連結符號。

鏡子：真相、幻象或自我反射？

在東方文化中，鏡子象徵「照見真相」與「靈魂顯現」。中國古代風水與卜夢中，鏡子常被視為穿越陰陽兩界之物，能映現不被察覺的事物：

・夢見照鏡，意味夢者正進行內省，預示將有所覺悟或領悟某段人生真相；

・若鏡中形象模糊或變形，常被視為氣場不穩，與運勢低落或靈界干擾有關；

・若夢中打破鏡子，則被認為是不祥之兆，象徵人際分裂、夫妻口舌或健康警示。

鏡子亦與女性、命運、婚姻關係密切相關。在東方解夢系統中，少女夢見鏡子，往往與感情選擇與未來婚配有關。鏡子的明亮與否，也反映出夢者對未來的期待或迷茫程度。

西方心理學則將鏡子視為「自我認知」的象徵。佛洛伊德指出，夢見鏡子可能與自戀傾向、自我焦慮相關，夢者在鏡中觀看自身，實則是在與潛意識進行一場對峙。

第四章　夢中出現的動物與物品：象徵誰？暗示什麼？

・若夢者在鏡中看到自己變老或受傷，可能反映出自我價值的焦慮與時間壓力；

・若夢者無法在鏡中看到自己，則可能暗示自我認同危機或人格邊界模糊；

・榮格則進一步將鏡子視為「對話場所」，夢者可透過鏡像與自己的陰影面溝通，進行深層心理整合。

鏡子不只是工具，也是人類對自我身分與存在的追問投射。

門：轉折、通道與未知的入口

門是夢境中極具象徵意義的物件，常代表生命的轉折點、機會的開啟或心靈狀態的門檻。在東方解夢中，門與風水、命運息息相關：

・推門而入，象徵新機會降臨，夢者將開啟新的關係或事業契機；

・門若緊閉或無法打開，則象徵阻礙、際遇不順、計畫受挫；

・若門自動關閉，夢者可能正經歷「緣分中止」或被拒之門外的人際暗示。

有些夢中門還與陰陽之門、陰宅之門相連，例如夢見木門腐爛、鐵門發出聲響，在民俗解夢中被視為陰氣干擾的徵兆。

而西方心理學則將門作為心理轉化過程中的象徵裝置。門是「自我」與「未知自我」之間的界線。

・若夢者跨越門檻，可能代表潛意識中的某段創傷記憶將被喚起；

・若夢者站在門前猶豫，則可能代表現實中對某項重大決定的逃避；

・若夢者發現門後是熟悉場景，象徵心理已準備好面對舊有課題或未完成的人生章節。

門的形式與質地在夢中亦具象徵意涵：

- 木門表示自然與溫暖；
- 鐵門象徵壓抑與防衛；
- 沒有門的建築則暗示夢者暴露於風險，或心防已瓦解。

窗：觀看、邊界與希望的象徵

窗戶是連結內外世界的中介，在東方解夢中，窗的象徵性極高：

- 若夢見從窗戶望見遠方風景，表示夢者渴望突破當前困境、尋找新方向；
- 若夢中窗戶關閉，可能反映出封閉的人際關係或生活受限；
- 夢見有人從窗戶望進來，在東方被解釋為「有暗中觀察者」，或象徵桃花劫、小人干擾，甚至靈異干擾的徵兆。

窗也是陰陽交界之處，特別在臥室夢境中出現窗戶開關、破損、風進入，常被視為與家中風水、健康或祖靈有關。

西方則將窗戶視為「心理之眼」，即我們看待世界的方式：

- 若夢中窗明几淨，代表夢者心境清明，對現實有正向看法；
- 若窗玻璃髒污、模糊，則暗示夢者看待世界的方式受到偏見或情緒蒙蔽；
- 若夢者從窗跳出，象徵逃避、突破常規或一種「非理性出口」。

在榮格架構中，窗象徵潛意識對夢者的邀請，是觀照內在世界與面對真相之「入口」。

第四章　夢中出現的動物與物品：象徵誰？暗示什麼？

物件也是語言，物語訴說夢者的狀態

　　鏡子、門與窗這三種夢中常見的空間物件，其意義遠超其表層形象：

　　・在東方，它們是「命運的器具」、「吉凶的徵兆」，與風水、祖靈、陰陽交錯密切相關，是外在力量影響的象徵載體；

　　・在西方，它們則是「心理歷程的標記」，是夢者與自我潛意識之間互動的過渡空間，是整合與探索之門。

　　當我們夢見這些物件，實際上是夢在試圖喚起我們對自身內在與所處文化的對話。

第五節　財寶與失物：夢到東西代表現實願望？

　　夢境中常會出現撿到金銀財寶、失而復得的物品，或是突然丟失某些重要東西的情境。這類涉及「擁有與失去」的夢象，在東西方文化中皆具有高度象徵意涵。財寶代表的是渴望、收穫與價值感，而失物則牽涉到焦慮、損失與未竟之事。不同文化如何看待夢中財物的出現與消失，透露了人們對於人生掌控感、情感缺口與潛在欲望的理解差異。

東方觀點：財物是命運的預兆，失物是警告與提醒

　　在東方解夢傳統中，夢見財寶或金銀器物，多被視為即將獲利、轉運或貴人出現的吉兆：

・若夢中撿到錢幣、金塊、寶石，常解釋為財運將開、事業有成；

・若夢見在陌生地點突然發現財寶，可能暗示夢者在現實中即將迎來意想不到的好運；

・若夢見將財物分給他人，則表示夢者內心富足，或正在積陰德。

　　然而，失物的夢境則被視為吉中藏凶，或命運警訊：

・若夢見弄丟錢包、首飾或手機等重要物件，可能暗示夢者近期容易破財，或是信任關係出現破口；

・若夢中苦尋失物未果，可能代表計畫受阻、期望落空，或有「財來財去」之虞。

　　在東方，財寶不只是金錢象徵，更與「福氣」、「祖蔭」、「陰陽平衡」有關。夢見突然擁有許多財物，也常被解為祖靈庇佑或命格中藏有貴氣之兆。

第四章　夢中出現的動物與物品：象徵誰？暗示什麼？

西方心理學觀點：
財寶與失物是自我價值與情感缺口的象徵

　　西方心理學較少將夢中財物與實際財運掛鉤，反而將其視為夢者內在需求、價值認同與未整合自我的象徵表達。

　　・若夢見發現寶藏，佛洛伊德認為可能是潛意識中壓抑欲望的象徵性補償；

　　・榮格則視為個體化歷程中潛能的覺醒：夢者正在開啟尚未發現的心理資源；

　　・若夢見失去重要物品，可能反映出夢者對某段關係、某項能力或情緒控制力的喪失焦慮。

　　此外，現代夢境分析常指出：

　　・財寶象徵夢者對「自我價值感」的渴望，是自信、掌控感、創造力的隱喻；

　　・而失物則可能象徵情感缺失、失落的童年經驗，或遺憾未解的心理創傷。

　　舉例來說，夢見丟失結婚戒指，可能象徵夢者對感情的不安全感；夢見遺失學生證，可能代表對自我身分的疑惑。

情境對照：相同夢象，不同詮釋

夢境情境	東方解釋	西方解釋
撿到金條／錢幣	財運開啟、祖蔭降臨、時運將至	對成功的渴望、自信提升、潛能激發
將財寶分給別人	積德行善、廣結人緣	渴望被接納、對人際關係的付出與焦慮

第五節　財寶與失物：夢到東西代表現實願望？

夢境情境	東方解釋	西方解釋
弄丟手機或錢包	需防破財、遇小人、個人運勢低迷	對失控與喪失的恐懼、情緒依附物的象徵意義
找回遺失物	命理歸位、災後轉機、祖靈庇佑	成就整合、解決未竟課題、修復過去創傷

隱含的文化思維：掌握 vs 擁抱缺口

在東方夢解中，「財寶」與「失物」通常被解釋為外在命運變化的反映——人是否被祖先庇佑、福報是否即將降臨，屬於「天人感應」的一環。物的得與失，是神明或宇宙透過夢境向人傳達的訊息。

而在西方心理理論中，物品則被視為夢者內在情緒與身分建構的延伸——物品的意義來自於夢者如何賦予其情感連結與象徵功能。

擁有與失落之夢，是對內在價值的追問

財寶與失物這類夢境，不僅是對金錢的渴望或物質的焦慮，更是夢者如何面對「價值感」的具象回應。

・在東方，這些夢象關於命運的啟動與警告，關於祖先之手是否正在推動未來的轉向；

・在西方，這些夢象則關於自我的缺口、內心的空位與尚待開啟的心理寶藏。

夢見財寶，也許是潛意識在告訴我們：「你比自己想得更有價值」；夢見失物，也許是提醒：「你正在失去什麼重要的東西」。

第四章　夢中出現的動物與物品：象徵誰？暗示什麼？

第六節　山、海、火、水：自然景象的文化心理

　　自然景象常在夢中以強烈的形式出現：山高聳入雲、海浪滔天、烈焰熊熊、洪水泛濫。這些場景既壯麗又神祕，是夢者潛意識投射的重要載體，也是文化深層象徵的反映。東西方對於山、海、火與水這四種自然意象的解讀，分別反映了對自然與人性的不同想像與詮釋方式。

山的象徵：目標、壓力或神聖之地？

　　在東方夢解中，山常被視為神祇居所、祖靈之境，也是風水地理的關鍵所在：

　　‧夢見登山，常象徵夢者正在努力攀升，將有所成；

　　‧若夢見站在山頂，則被視為事業或考試成功的徵兆；

　　‧若夢中山崩或無法登頂，則意味困難將至，夢者計畫受阻。

　　山也與風水氣場有關，夢見靠山穩定或山環水繞之景，常與住宅運勢、祖蔭庇佑相關。

　　西方夢理論中，山被視為內在挑戰、生命目標或精神追尋的象徵：

　　‧佛洛伊德將登山比喻為欲望的追尋與焦慮的壓力；

　　‧榮格則將山視為「精神昇華的路徑」，夢見登山是個體化歷程中的考驗與磨練；

　　‧若夢中跌落山谷，則代表夢者對某目標失去信心，或被現實挫敗所困。

114

第六節　山、海、火、水：自然景象的文化心理

海的象徵：命運的深淵與情緒的宇宙

東方文化中，海象徵無垠的力量、命運的深遠與不可控：

・夢見大海，多解為命運即將轉變或人生面臨重要選擇；

・若夢中海浪洶湧，可能代表人際風波或職場壓力；

・若夢者漂浮於海中無法自救，則為迷失方向、無人支持的心理狀態。

海也是「龍神」、「天命」所在之地，夢見海水清澈常被視為吉兆，象徵未來可期。

西方心理學將海視為潛意識的隱喻空間：

・海洋象徵無意識中尚未被整合的情緒與原型力量；

・若夢者沉入海中，可能象徵遭情緒吞噬或創傷未處理；

・若在海面航行，則象徵夢者正在面對內在未知、自我探索之旅。

火的象徵：破壞、淨化與熱情

在東方夢解傳統中，火的象徵性最為兩極：

・若夢見火勢猛烈卻不傷人，常解為財運將旺、事業突破；

・若夢見火燒房屋，則多視為家中有變、口舌是非將至；

・若夢中點燃香火，則與祖靈溝通、陰陽感應有關。

火既是破壞力量，也是驅邪之力。燃燒之象徵，代表業障消融與氣場重整。

西方夢理論中，火被視為情緒能量與創造破壞的雙重象徵：

・佛洛伊德認為夢中之火與性慾及憤怒相關，是原始本能的象徵性釋放；

第四章　夢中出現的動物與物品：象徵誰？暗示什麼？

・榮格則將火視為心靈淨化、變革的契機，夢中被火包圍可能象徵心理再生過程；

・若夢者放火或滅火，反映其內在對情緒的主控與調節狀態。

水的象徵：流動、療癒與無意識的語言

東方文化將水視為財氣、情感與陰氣之源：

・夢見流水順暢，常象徵財運與情感運勢良好；

・若夢見洪水或淹沒，則可能是壓力過大或情緒將爆發；

・水亦是五行之一，與夢者個人命格、家庭運勢有關。

西方則將水視為潛意識與情感變化的主體：

・清澈的水象徵內心平靜，渾濁的水則代表情緒混亂；

・潛水或游泳代表夢者深入探索自我，或處理深層創傷；

・被水困住，則暗示情感抑制與自我界線的模糊。

自然的象徵，是人心的折射

無論是高山、深海、烈火還是流水，這些夢中自然景象是夢者與潛意識對話時出現的語言符號：

・東方透過山海火水看命格、判吉凶、調陰陽，將自然視為宇宙秩序的回應；

・西方則視這些自然意象為心理動能與情緒能量的象徵工具，用以理解自我內在狀態。

夢裡的自然現象，是文化的寫照，也是人心風景的折射。

第七節　顏色與方位：五行 vs 潛意識地圖

在夢境中，顏色與方位常以潛藏而深具象徵力的方式出現：夢中房間朝東、人物身穿紅衣、天空泛著青光，或某物位於北方一隅。這些看似細微的細節，實則蘊含了豐富的文化意義與心理指向。

顏色的象徵：東方五行的能量語言

在東方解夢中，顏色是與五行（金木水火土）及方位密切相連的能量表徵：

- 紅色屬火，象徵喜慶、活力、危機，也與感情、熱情、爭執相關；
- 青色／綠色屬木，象徵生長、青春與希望，亦可能與醫療、健康有關；
- 白色屬金，代表清淨、高潔，但亦是哀喪、死亡的色調；
- 黑色屬水，象徵深邃、智慧，也與潛伏的危機、陰靈、恐懼有關；
- 黃色／土色屬土，是中和之色，與土地、穩定、祖先與信任相關。

夢見某一種色彩大量出現，常被解為該五行氣場的過盛或不足，需配合夢者命格或近況加以分析。例如夢中不斷出現紅光，可能象徵怒氣過盛或心火失衡；而夢中遍地黃土，則可能與家族運勢、根基穩定有關。

顏色的象徵：西方心理的潛意識投射

西方心理學將顏色視為情緒與內在狀態的映射工具：

- 紅色代表激情、危險、活力，也可能與怒氣或壓抑的欲望相關；
- 藍色象徵平靜、理性、疏離，是對安定與距離的渴望；

第四章　夢中出現的動物與物品：象徵誰？暗示什麼？

・綠色反映成長、希望與妒意，也可能是對療癒的追求；
・黑色常代表陰影、憂鬱與死亡，但同時也可能象徵潛能、深度與神祕；
・白色象徵純潔、空白，也可能是「否認」或未填補的心理空間。

　　顏色的出現是夢者情緒狀態在視覺上的外化。例如：夢中整個世界被黑霧籠罩，常反映夢者正經歷情緒低谷；而夢見一片燦爛橘黃的田野，則可能象徵創造力與自我價值感的復甦。

方位的象徵：東方風水命理的空間秩序

　　在東方夢解中，方位具有高度風水與象徵意涵：
・東方屬木，代表初生、陽氣升騰、計畫開始；
・南方屬火，與事業、名望、能量爆發相關；
・西方屬金，關連成果、結束，也可能暗藏衰退或分離；
・北方屬水，象徵潛力、智慧，但亦與困難、寒氣相關；
・中央屬土，是一切的中心，象徵平衡、穩定與祖源。

　　夢境中人物行進方向、建築朝向，皆可作為解夢依據。例如：夢者走向東方山丘，象徵開啟新局；若向西走入黑暗森林，則可能暗示結束一段關係或面臨衰運。

方位的象徵：西方心理地圖的空間投影

　　西方則傾向將方位視為心理結構與原型空間的隱喻：
・向上象徵目標、神性與希望；
・向下象徵潛意識、壓抑、死亡與轉化；

- 向左象徵過去、女性原型、情感直覺；
- 向右象徵未來、男性原型、行動與理性；
- 中心點代表當下的自我狀態，是統整力量的核心象徵。

夢中若向下行走階梯，可能代表潛意識邀請夢者面對被壓抑的創傷；若夢者徘徊不定於交叉口，則象徵決策焦慮與心理張力的交鋒點。

色彩與方位是夢的導航座標

東方與西方對夢中顏色與方位的解讀各具系統：

- 東方重秩序與五行能量，將其視為命格運勢與宇宙氣場的顯影；
- 西方則將其視為情緒語言與潛意識空間的結構化象徵。

夢中的一抹顏色、一個方向，可能就是潛意識為夢者點亮的導航燈。

第四章　夢中出現的動物與物品：象徵誰？暗示什麼？

第八節　天災與異象：夢見雷電、日蝕如何解釋？

自然災害與天文異象在夢中出現時，往往伴隨著強烈的震撼與情緒波動。雷電交加、地震裂縫、日蝕蔽日、火山爆發——這些現象不僅具破壞性，也具有高度象徵意義。東方與西方對這類「天變」夢境的詮釋，分別建立在宇宙秩序與心理能量的不同理解之上。

雷電：天罰、驚醒或情緒釋放？

在東方夢解系統中，雷電象徵天命警示、靈界警告與內在氣場的劇變：

・若夢中雷聲震天，多解為「有神明警醒」，表示夢者將有重大轉機或遭遇命運調整；

・閃電出現常象徵突發事件、壓力爆發或冤親債主顯靈；

・若夢見雷電擊中某物，則視為吉凶之兆，需依物品類型判斷方向 —— 擊中樹木為破舊立新，擊中房屋則需防災或病災。

在西方心理學中，雷電常象徵壓抑情緒的爆發與內在衝突的釋放：

・佛洛伊德認為夢中的雷聲與閃電可能與童年創傷、父權壓力或驚嚇記憶相關；

・榮格則視雷電為神祕原型能量的象徵，代表潛意識向意識層面傳遞的重要訊息，有時也與「神的聲音」相連。

夢見雷電，可能意味夢者正面臨重大抉擇前的內在震動，也可能是情緒過載的警訊。

日蝕與月蝕：光被遮蔽的象徵性

在東方傳統中，日蝕與月蝕屬於「天狗食日」、「月虧」，被視為天象異變，常與國運、人事、祖蔭等命理解釋相關：

・夢見日蝕，象徵「陽被遮」，有可能暗示家中男性（父親、丈夫）運勢低迷；

・月蝕則象徵陰氣過盛，可能與情感、婦科、祖先能量有關；

・若蝕象發生於寺廟或祖墳周圍，夢書多指為需祭祀、安神解厄。

西方夢理論將蝕象解為「意識之光被遮蔽」，是一種潛意識強勢主導、夢者迷失方向的心理狀態：

・日蝕象徵目標感缺失、自信崩解、外界動盪壓迫內在核心；

・月蝕則象徵情感焦慮、女性原型受壓制或陰影面湧現。

這類夢境多發生在夢者現實中感到迷惘、失控或處於轉折期之際。

地震與火山爆發：基礎震動與壓力釋放

東方文化將地震與火山爆發視為「地氣翻動」，暗示夢者命根動搖、風水失衡：

・夢見地裂、地震，可能象徵家庭動盪、財源不穩；

・火山爆發則可能是情緒火氣、工作競爭或衝突將起的預警；

・若夢中與家人一同逃難，表示家庭系統正在調整，需重新分配責任與關係角色。

在西方心理學中，這些自然災害象徵內在結構的動搖與潛藏壓力的釋放：

・地震象徵夢者原本認知的世界觀正在崩解，是重新建構自我的開端；

第四章　夢中出現的動物與物品：象徵誰？暗示什麼？

・火山則象徵壓抑已久的欲望、創傷或憤怒終於找到出口，是轉化與再生的標記；

・若夢者無法逃離災難現場，可能象徵其尚未準備好面對內在的動盪與變革。

異象：血雨、星墜、極光與彩虹

・血雨在東方被視為大凶之兆，象徵戰亂、病災或重大社會動盪，而在西方則可能象徵情緒過度激化、心理失衡的投射；

・星星墜落象徵願望破滅、理想幻滅，也可能是內心英雄原型的崩塌；

・極光與彩虹則是吉象，在東方象徵天賜機緣、祖靈顯化，在西方則視為潛意識與意識之間成功連結的畫面，是希望與統整的象徵性呈現。

災異夢境，是文化與心理的交會點

雷電、蝕象、地震與火山等夢境，既是自然的幻象，也是一種內在能量的語言。

・在東方，這些象徵往往指向命運更動、氣場異常與靈界徵兆，是宇宙規律出現裂縫的警訊；

・在西方，這些夢象則是心理張力的自然釋放，是意識與潛意識之間能量重新排序的過程。

夢中驚天動地，並不一定是在預告災難，也可能反映出了夢者心靈深處的動盪與轉變。若能理解這些異象，或許就能在風暴來臨前，先整理好內在的地基。

第九節 器物與空間：
東方歸類象徵，西方心理投影

在夢境中，器物與空間的出現是潛意識以具體象徵所描繪的內在語言。器物如椅子、劍、碗、箱子等；空間如房間、走廊、樓梯、地下室等，都是心理與文化意涵的濃縮符號。東方與西方對這些象徵有著截然不同的分類邏輯與詮釋方式。

器物的象徵：東方以用途分類，吉凶為軸心

東方夢解習慣依據器物的功能與使用對象進行分類，並進一步賦予其吉凶命理判斷。例如：

・劍或刀：武器象徵權力與護身，夢見持劍通常為吉，表示得勢、解難，但若見刀傷則主災；

・碗或杯：與口腹、家庭有關，破碗則為破財或家庭不和之兆；

・鏟、斧、鋤頭：若夢見農具則可能象徵腳踏實地、求財得路；

・箱子、袋子：象徵祕密或積蓄，夢見打開者為得財，遺失者為洩密或損失。

這些器物的解釋邏輯多半來自傳統的生活經驗、象徵聯想與民俗預兆，具有高度社會功能性。

器物的象徵：西方以心理功能歸納，潛意識投射為核心

西方心理學則傾向以器物的心理功能為基礎，將其視為潛意識投射的象徵工具：

第四章　夢中出現的動物與物品：象徵誰？暗示什麼？

・劍或刀：常象徵陽性力量、自我防衛機制，亦可指潛藏的攻擊欲望或創傷性記憶的防衛界線；

・碗或容器：為女性子宮的象徵，也代表接納、滋養與情緒保存；

・箱子：象徵尚未被開啟的內在記憶、自我封鎖的情緒或原始慾望的封存；

・鏡子：象徵自我反思、身分認同或與陰影自我的對話。

在分析夢中器物時，心理學者會探問夢者對物品的感受、過去經驗與其現實投射，注重主觀情緒而非絕對符號。

空間的象徵：東方的風水與家庭秩序框架

東方夢解對空間極為敏感，空間位置與功能被視為與家運、祖先、陰陽能量直接相關：

・房屋：象徵家庭，屋頂破損為家道中落，樓梯塌陷為後代難承；

・廚房：主財庫與飲食，夢見火爐旺則家運佳，夢見廚房髒亂則財源阻斷；

・廁所：陰氣場所，夢見排泄為釋放晦氣，亦可視為轉運；

・神龕或祖先堂：若出現在夢中，多為祖靈訊息或需祭拜調和之象。

這些空間不僅是生活場所，更是社會結構與命理系統的映射。

空間的象徵：西方的心理構造與意識層次表徵

西方心理學則將夢中空間視為心理場域的具象化：

・房間：代表夢者自我核心，空房象徵空虛，熟悉房間象徵穩定自我；

- 走廊：過渡地帶，象徵正在進行的心理轉換或人生抉擇期；
- 樓梯：上下象徵潛意識與意識之間的往返，向上為提升，向下為深入潛意識；
- 地下室：榮格特別指出為儲存原始創傷與集體潛意識的地方，夢者若探入此處，象徵自我面對深層陰影的起點。

這些空間元素提供分析師進入夢者內在心理地圖的入口。

案例比較：夢中「家」的多重詮釋

舉例來說，夢見房屋倒塌：
- 東方多解釋為祖墳風水失衡、家中男性運勢受損，建議調整居家布局或行善積福；
- 西方則解為夢者內在結構遭遇挑戰，可能為身分危機、婚姻焦慮或價值體系崩解。

夢見走進陌生房間：
- 東方視為結交新緣或運勢將轉；
- 西方則可能代表夢者尚未認識的自我區塊，或過去經驗尚未整合的記憶場域。

物與空間，是夢境最深層的劇場布景

在夢中，一張椅子不只是椅子，一個房間不只是空間，它們是潛意識為夢者布置的舞臺。
- 在東方，器物與空間被納入吉凶預測的系統，成為個人命運與社會秩序的顯影；

第四章　夢中出現的動物與物品：象徵誰？暗示什麼？

・在西方，它們則成為探索內心地圖的象徵媒介，是個體心理結構的視覺化表現。

夢中所見的一物一處，是潛意識最不語言化卻最有力的表達，它們是文化框架與個人生命經驗交織的產物。若能讀懂它們，夢就不再只是「奇怪的情節」，而是關於自我與世界的精準暗示。

第十節　動物與物象符號的文化分野與對照表

夢境中的動物與物象向來是解夢體系中最活躍也最複雜的元素之一。蛇、虎、魚、鳥，或是火、水、樹、門，這些反覆出現在夢中的意象，並非偶然組合，而是文化、信仰與心理共同編碼的符號體系。在本節中，我們將總結前述章節所分析的象徵差異，並建立一張清晰的「東方 vs 西方」對照表，協助讀者直觀理解東西方的夢象詮釋。

動物象徵的文化歸納

動物	東方象徵	西方象徵
蛇	轉運、靈獸、陰陽能量、騷動預兆	性壓抑、本能慾望、陰影面、重生與誘惑
狗	忠誠、貴人、守護、風水預警	情緒依附、焦慮投射、內在恐懼、潛意識伴侶角色
鳥	吉兆、靈性、自由、貴人啟示	靈魂原型、心理昇華、脫困渴望、觀察視角
老虎	權威、壓力挑戰、男性氣場	潛在攻擊、陰影力量、憤怒能量、自我防衛
魚	財運、子嗣、生機與機會、五行水之象徵	潛意識流動、生殖象徵、信仰與創造能量

自然物象與環境意義總覽

物象／自然現象	東方詮釋	西方詮釋
山	祖蔭庇佑、事業基石、風水靠山	精神目標、心理挑戰、個體化之路

第四章　夢中出現的動物與物品：象徵誰？暗示什麼？

物象／自然現象	東方詮釋	西方詮釋
海	命運深處、陰陽交界、大變將至	潛意識海洋、情緒波動、內在探索
火	驅邪、轉運、財氣、災兆	情緒壓力、欲望釋放、變革象徵
水	財氣、陰氣、流動能量、五行平衡	情感深層、潛意識活動、心靈療癒
雷電	神示、祖靈警訊、外靈干擾	情緒釋放、潛在衝突、創傷記憶覺醒
日蝕／月蝕	天象異變、陽氣或陰氣失衡、家族運勢轉變	意識崩潰、情感壓抑、內在黑暗浮現

器物與空間意象快速對照

類別	東方象徵	西方象徵
劍刀	護身、防禍、運勢強化	自我邊界、防衛機制、陰影攻擊原型
碗杯	口腹、福氣、家庭和諧	滋養、情緒保存、母性象徵
箱子	財庫、祕密、積蓄	潛意識封存、創傷儲藏、內在記憶未被打開的部分
房屋	家運、風水場、祖先保佑	自我核心、身分堡壘、自我系統架構
樓梯	成就過程、後代運程	意識層級轉移、內在旅程、潛意識通道
地下室	隱藏祖靈、陰氣場所	創傷、集體潛意識、個體內在黑箱

第十節　動物與物象符號的文化分野與對照表

顏色與方位象徵系統整合

顏色	東方五行象徵	西方心理象徵
紅色	火、喜慶、爭執、激情	愛、怒氣、警示、高度情緒能量
白色	金、純淨、哀喪	空白、純潔、自我防衛、未命名的情緒區塊
黑色	水、神祕、潛在危機、陰氣	憂鬱、死亡、潛意識、陰影與壓抑
黃色	土、祖蔭、穩定與信任	光明、警覺、思維活力
青綠	木、生機、醫療、希望	嫉妒、療癒、成長與妥協

方位	東方風水象徵	西方心理路徑象徵
東方	生氣之門、陽氣初升、事業開啟	新生與開始、陽性能量、開放
西方	收成與終結、金氣運轉、暮氣漸入	完結與放下、內化與成熟
南方	火氣之地、成名、爭執與能量高峰	表現與照射、自我展現、焦點恐懼
北方	水氣、智慧、壓力與寒氣所在	深層探究、孤寂、潛意識召喚

象徵體系背後的文化邏輯與心理預設

　　從上述對照可以清楚發現，東方夢象詮釋的邏輯偏向「象徵歸類」與「吉凶判定」，其背後立基於陰陽五行、命理風水、祖靈信仰與社會秩序；而西方夢象解釋則強調「個體經驗」與「內在心理結構」，根源自潛意識動力學、原型理論與自我統整。

　　夢中的動物與物象，是文化與潛意識共同建構的象徵語言。如果能從中理解這些符號的深層意涵，我們就不再只是被動地「經歷夢」，而是開始「讀懂夢」。

第四章　夢中出現的動物與物品：象徵誰？暗示什麼？

第五章
恐懼、災難與死亡夢：
內心的聲音還是外在預兆？

第五章　恐懼、災難與死亡夢：內心的聲音還是外在預兆？

第一節　為何夢見自己死亡？吉還是凶？

夢見自己死亡，是許多人經歷過的強烈夢境經驗。它常讓人心驚膽跳，醒來後懷疑是否預示災難或生命終結。然而，不同文化對這類夢的解釋大異其趣，呈現出對死亡、命運與內在轉化的不同理解框架。在東方，夢中死亡常與命運變化、陰陽轉化與靈界徵兆相關；而在西方心理學體系中，夢中自我死亡則更多被解讀為內在蛻變、自我更新的象徵。

東方觀點：死亡為轉運、陰陽界徵兆

東方傳統文化將夢中之死視為一種吉凶之象，但非單一固定意義，而需依夢境細節、人物身分與當事人狀態綜合判斷：

・死而復生為大吉之兆，象徵「死中求生」、舊我解構、新運將啟；

・夢見自己葬禮或被入殮，被解為有貴人相助、壽命延長，乃大福之徵；

・若夢中「無痛死亡」，則被視為氣運平順，解脫業障；

・但若夢中死亡伴隨痛苦、悲泣，則需留心身體健康或家庭內部矛盾。

許多夢書亦指出：夢見死亡若伴隨陰氣重重、鬼魂圍繞，可能是祖靈示警，需進行祭祀或風水調整，特別若與墳地、祖堂、夜行有關者。

在命理學中，死亡常與「轉世」、「重啟命格」相連結，是生命節奏重新開盤的徵兆。若夢者正處於低谷期，這類夢往往意味氣運即將轉正，是一種「重生夢」。

西方觀點：死亡為心理蛻變與自我整合

在西方心理學中，「夢見自己死亡」是潛意識以強烈意象傳達「自我結構發生轉化」的訊號：

・佛洛伊德認為死亡夢可能與性慾焦慮、自我防衛機制崩解有關，是壓抑欲望的極端象徵形式；

・榮格則強調死亡為「個體化過程中的關鍵階段」，代表舊自我死亡，新自我將誕生，是內在重建與成長的象徵；

・當夢中死亡伴隨著平靜、解脫感，常象徵夢者完成某段心理任務，如放下一段關係、走出創傷、轉換價值觀。

心理治療師常指出，死亡夢與現實中的「失去」有關——如身分轉變（退休、離婚）、角色轉換（子女離家）、人生結構崩壞（工作轉換、搬遷）等，都是潛意識透過「死亡」這個強烈畫面來幫助夢者進行「結束與開啟」的心理轉型。

案例對照：同一夢象，不同理解

案例一：夢見自己被車撞死

・東方解釋：行運遭阻、需防交通災厄或法律糾紛，建議暫緩遠行、修德避煞。

・西方解釋：象徵夢者感受到某段人生路線「被外力打斷」，可能來自情緒過勞或控制感喪失，需調整人生方向與內在信念。

案例二：夢見自己在病床上安詳過世

・東方解釋：為壽命延長或舊疾將癒之象，亦可能祖靈庇佑、福報將至；

第五章　恐懼、災難與死亡夢：內心的聲音還是外在預兆？

・西方解釋：象徵夢者已準備好放下過去負擔，是潛意識完成某段內在和解的過程。

死亡夢的心理功用與文化內化

無論東方或西方，夢見死亡都是一種「高強度心理圖像」，具有警示、轉化與更新功能。

・在東方，它具有命運的連結性，是來自天地陰陽秩序的啟示，與祖先、靈界、氣場深層互動；

・在西方，則是個體潛意識與自我對話的節點，是情緒釋放與認同重構的開始。

這種夢也常與夢者的死亡焦慮、自我認知危機或對生命終點的哲學思考有關。它挑戰我們：是否已準備好放下過去的自己？是否已準備接受內在的新階段？

理解這一夢象，不只是解釋未來是否吉凶，更是一次檢視當下自我狀態的機會。夢中那場「死亡」，也許只是為了讓夢者醒來後，真正開始一段新的生命。

第二節　墜落夢、裸身夢、被追夢：東西方解釋為何？

夢中驟然墜落、全身裸露在人前、被不明勢力追逐──這些場景是全球夢境中最常出現的三大類型，也幾乎是所有人一生中至少經歷過一次的夢境經驗。這些夢有著極強的情緒震盪力，醒來時往往伴隨心跳加速、出汗、驚恐與迷惑。那麼，這些夢究竟意味著什麼？它們是內心焦慮的投射？還是命運或環境變動的徵兆？

墜落夢：從高處落下，意味什麼？

在東方解夢傳統中，夢見從高處墜落常被視為「氣場不穩」、「運勢下滑」的象徵：

・若夢見從山上、樓梯、屋頂跌落，可能暗示近期計畫落空、事業或人際將遇波折；

・若夢者跌落時受傷，則需注意實際健康或身體能量狀態；

・若夢中有人推你墜落，則可能是小人作祟或有暗中破壞者。

東方強調此夢的外在應驗性，常建議夢者採取實際作為（如修風水、避災、暫緩行動）來轉運。

在西方心理學體系中，墜落夢則幾乎一致被視為「焦慮」、「失控感」的投射：

・佛洛伊德指出這是潛意識性焦慮的變形象徵，也可能與幼年期安全感缺失有關；

・榮格則視為「自我崩塌」的表現，是個體對理想、成就或自我形象無法維持時的潛意識警訊；

第五章　恐懼、災難與死亡夢：內心的聲音還是外在預兆？

當夢者在夢中墜落時驚醒，往往象徵夢者尚無法承受現實中的巨大壓力或變動。

裸身夢：為何夢中總會「沒穿衣服」？

夢見自己裸露在眾人面前，是全球人類極為常見的夢境類型。東方解夢對此有兩種主要詮釋：

・一派認為此夢為「轉運之兆」，象徵卸除包袱、重生初始，若夢中並無羞恥感，則視為福氣將至；

・另一派則將其視為「隱私外洩、名譽受損」的預警，特別當夢中出現嘲笑、指責者時，需留心社交關係與職場爭端。

西方心理學將裸身夢視為「自我揭露焦慮」的象徵：

・佛洛伊德認為此夢與性羞辱有關，代表壓抑欲望與社會規範間的衝突；

・現代解夢學派則視為「身分脆弱感」的展現：夢者在現實生活中感到被觀察、審判或無所遁形；

若夢者試圖遮掩，則象徵其正面對自我防衛崩潰與社會壓力的交界點。

被追夢：逃不掉的壓力原型

夢見被追趕，是一種「行為式焦慮夢」，在東西方皆有高度共識其代表潛在壓力來源：

・在東方，若夢見被不明人影、動物或鬼怪追趕，通常與「陰煞」、「業障」、「壓力過大」有關，常建議祈福解厄；

・若追趕者是熟人或親人，則暗示夢者可能正逃避某段關係中的壓力或矛盾。

西方心理學者則指出：

・被追夢多為潛意識中未解決的壓力源所具象化的「追擊者」；

・若夢者無法看清追趕者的面孔，則該壓力通常來自於自我否認或被壓抑的部分人格；

・若夢者在夢中逃脫成功，代表自我防衛運作良好，若失敗則可能有持續壓力未被處理。

焦慮夢是內在聲音的放大器

無論是墜落、裸身還是被追，這些夢都在暗示夢者正在面對或壓抑著某些現實壓力或情緒狀態：

・東方傾向將這些夢視為外在運勢或人際風水的反映，是與命格、陰陽氣場互動的提醒；

・西方則更強調其心理來源，將這些夢視為內在衝突、焦慮、慾望與壓抑的視覺化顯現。

當我們夢見自己失控墜落、在眾人前赤裸、無止境地逃跑，也許潛意識正透過這種形式，要求我們正視那些被忽略的壓力來源與內在真實。

第五章　恐懼、災難與死亡夢：內心的聲音還是外在預兆？

第三節　災難夢是預告還是內傷？

洪水、火災、地震、戰爭、飛機失事——災難夢常出現在夜晚深層睡眠階段，內容激烈、畫面鮮明，常令人醒來後久久無法平靜。許多夢者會問：這是不是在預告某場災難即將來臨？或者，它只是潛意識在回應內在未處理的創傷與壓力？東西方解夢對災難夢的詮釋，恰好反映出人類文化對災難的兩種基本態度——預兆論與心理投射論。

東方觀點：災難為天象反應與命理警示

在東方傳統解夢系統中，災難夢多半被歸入「凶夢」範疇，具有高度的預示性：

・火災夢被視為情緒將爆發、人際將有大變動，若火勢猛烈但無人受傷，反倒被視為轉運吉兆；

・水災或洪水夢常與情緒洩洪、財運波動有關，夢見水淹全家者，需防破財或家庭爭執；

・地震夢代表基礎不穩，可能預示職場或婚姻根基將有動盪；

・戰爭與爆炸夢象徵社會動亂或人際紛爭，也可能與潛在的「小人運」或外力衝擊相關。

災難夢中的細節（如時間、地點、天氣、人物反應）皆會被納入解釋。例如夢見深夜爆炸與清晨火災意義不同，夢中哭泣逃難與冷靜觀察亦有差別。

同時，災難夢亦常與祖靈、神靈警示有關。例如夢見神明所在的廟宇倒塌，便可能與失德、缺祭、風水錯位等因素相連結。

西方觀點：災難是創傷與情緒的象徵

西方心理學界則普遍認為災難夢是潛意識透過「高張力劇場」來釋放未處理的內傷：

・火災夢象徵憤怒、激情或遭抑制的創造能量爆發，特別在夢者生活受限或處於情感壓抑時出現；

・洪水與水災代表無法控制的情緒傾洩，如悲傷、焦慮或過度承擔的責任感；

・地震則象徵夢者世界觀、信仰或心理結構的崩潰，是內在「地基」動搖的象徵表現；

・戰爭與追逐夢反映內在衝突、價值對立，或夢者對現實權力關係的不滿與抗拒。

臨床心理學指出，災難夢往往發生於創傷後壓力症候群（PTSD）患者、經歷重大情緒變故者或長期處於情緒耗損狀態下的個體，這些夢是潛意識試圖自我整合與療癒的過程。

案例對照：一場大火的兩種解釋

案例一：夢見住家火災、全家逃難

・東方解釋：家庭風水破損、主有爭執，需修補門面或防破財。

・西方解釋：家庭系統內部壓力或情感被壓抑過久，夢者內在感到「必須重新整建」，火為重生之機。

案例二：夢見地震中自己倒臥於廢墟之中

・東方解釋：主體運低迷、命盤不穩，應避重大決策與遠行。

・西方解釋：夢者遭遇內在信念系統崩解，正經歷心理危機，夢境提供一種象徵性「重建」機會。

第五章　恐懼、災難與死亡夢：內心的聲音還是外在預兆？

災難夢的文化隱喻與心理暗示

　　災難夢的出現，其實是人類面對「控制感缺失」時最直觀的象徵語言。東方以命運與宇宙秩序理解之，西方則視其為自我調節與心理療癒的投射：

　　・在東方，夢者與天地氣運相連，災難夢代表宇宙秩序對個體的提醒與示警；

　　・在西方，夢者與潛意識對話，災難夢成為潛在壓力與未整合經驗的再現。

　　災難夢並不一定等於「災難將至」，也可能是「心中風暴未歇」。它是一種意識邊緣的警鐘，若能理解其背後的情緒與心理訊息，夢者將有機會主動參與自我療癒與現實調整。

第四節　鬼魂夢：一種思念？還是壓力？

在夢中與亡者重逢、看見陌生鬼魂、被無形存在所干擾，是東西方文化中極為深層的夢境經驗。這些夢常伴隨濃烈的情緒，可能是懷念、恐懼、歉意，或無法言說的哀傷。鬼魂夢到底是在提醒我們未盡的情感，還是潛意識內部壓力的具象投影？東方與西方對鬼魂夢的詮釋，分別立基於祖靈信仰與心理學觀點，展現出人類如何理解生死之間的邊界與情感連結。

東方觀點：夢中亡者，是祖靈牽引與情感訊號

東方文化中，夢見亡者被視為一種靈界訊號，具有高度的文化與宗教意涵：

・夢見已故親人，常解釋為祖靈回來探望，或夢者對親人有所思念，若夢境祥和則為福蔭之象；

・夢中亡者交談或傳話，可能暗示未盡的家族事務、潛藏的遺憾或現實中需處理的責任；

・夢中亡者表情哀戚、語氣強烈，則可能表示亡者未安、需進行超度、祭拜或償還心願；

・夢見陌生鬼魂或靈異現象，常被視為陰氣過重，需避免赴喪、探病或進行淨化儀式。

傳統夢書更細分為「白衣鬼」、「黑影」、「飄魂」、「附身」等類型，每類有不同的吉凶判斷與應對方式。整體而言，鬼魂夢在東方多被視為「有來由、有意義」，是一種人與靈、陰與陽之間的通道與警示。

第五章　恐懼、災難與死亡夢：內心的聲音還是外在預兆？

西方觀點：亡者為潛意識的情感投影

在西方心理學中，夢見亡者被視為夢者內在心理經驗的象徵性重現：

・夢見已故親人，通常表示夢者尚未完成哀悼歷程，或正處於自我認同的轉換期；

・對話或互動象徵夢者內心想完成的溝通，是一種「未竟情緒的演練」；

・亡者在夢中帶來恐懼或衝突，則可能代表壓抑的情緒、童年創傷或被否認的記憶；

・有時，亡者也可能是夢者自我中某部分的象徵，如過去的自己、失去的價值觀，或對死亡與無常的內在回應。

榮格學派將此類夢視為「陰影整合」的過程：亡者為尚未被整合的自我片段，夢境提供了面對與和解的契機。

案例對照：同一夢，不同語言

案例一：夢見已故母親在廚房為我煮飯

・東方解釋：母親靈魂回家看望，可能與夢者近期情緒有感應；廚房象徵福氣與溫暖，屬吉象。

・西方解釋：象徵夢者內在尋求母性滋養、自我照顧與安全感，可能與現實壓力或親密關係缺失有關。

案例二：夢見陌生亡者追趕自己

・東方解釋：陰氣侵體、業障顯現，需避邪淨身；可能與運勢低落或祖墳問題有關。

・西方解釋：象徵夢者面對未解決創傷、自我否認情緒或對死亡議題的潛在焦慮。

亡者夢的文化心理融合觀

・在東方，夢中的亡者與現實中的祖靈系統、宗族責任與因果信念密切相連，是一種與「家族脈絡」互動的橋梁；

・在西方，亡者是個體潛意識的象徵成分，是對內在傷口、失落與未竟情緒的象徵化處理。

因此，鬼魂夢在東方強調「與外在靈界的關係」，在西方則強調「與內在情緒的整合」。這也反映出兩種文化對死亡的理解迴路——

・東方重視死者的延續性與靈界秩序；

・西方關注死者對夢者心理歷程的影響與回應方式。

當我們夢見亡者出現，也許是想說未完的話，也許是想修補未復元的情緒。

第五章　恐懼、災難與死亡夢：內心的聲音還是外在預兆？

第五節　重複的恐懼夢象徵什麼？

有些夢不只一次來訪。你可能在不同的夜晚，反覆夢見同樣的追逐、墜落、迷路或災難場景。這些重複出現的恐懼夢，不僅讓人身心疲憊，更引發對「命運是否有警示」、「內心是否有創傷未癒」的疑問。東方與西方對這種夢境現象提供了截然不同的解釋軌道——前者以外在力量與命運週期為框架，後者則以內在情緒循環與心理結構為核心，兩者交織出人類對夢與恐懼的多重理解。

東方觀點：重夢為警示，氣場與因果的反覆循環

在東方文化中，「重夢」被賦予高度的象徵意義，尤其當夢境本身具有恐懼、災厄、死亡等內容時，往往被視為靈界反覆傳遞的訊息或宿命之線索：

・夢中重複同樣事件（如被鬼追、跳河、著火），被解釋為夢者氣場不穩、陰煞纏身，建議進行解厄、淨身或補運儀式；

・若夢境與家族祖墳、宗廟、土地有關，則可能與祖靈未安或祖先訊息未被接收有關，需尋求道士或占夢師協助釋義；

・在民間信仰中，若夢境三次重現，常被視為「天意昭示」，即代表夢者未遵循天道、需改變目前行事方向；

・特定節氣或禁忌日（如農曆七月、清明、中元）反覆出現夢境，更被認為與靈界能量穿透性提升有關。

因此，在東方，重複恐懼夢的解釋大多以「外來力量的反覆碰撞」為主，是命運節點未被處理妥當的體現，夢者多被勸導採取儀式行動來終止其循環。

西方觀點：重夢為創傷迴響與未解情緒的劇場

西方心理學則將重複夢視為潛意識對未解議題的「高頻率提示」：

・佛洛伊德將其稱為「心理重演」(repetition compulsion)，認為夢者潛意識中不斷重現創傷場景，是為了掌控創傷、完成情緒加工；

・榮格則指出，重複夢是個體內在原型能量無法完成整合時的強化訊號，夢者必須進行「陰影對話」，面對自我中不願承認的部分；

・現代解夢理論認為，重夢往往與現實生活中某種壓力來源（如職場威脅、關係衝突、自我否認）長期未被處理有關，潛意識藉由重複場景進行提醒與抗議。

例如，一位因童年遭遺棄而在成人後多次夢見自己「一個人站在無人火車站」的夢者，心理師可能引導其意識到夢是潛意識試圖處理被拋下的情緒記憶。

案例對照：一個夢，兩種理解

案例一：夢者每週夢見自己被水淹而醒

・東方解釋：水為財，過盛成災，主運勢不穩，需避財務決策或祭水神、補風水破口；

・西方解釋：水為情緒象徵，夢者可能正承受強大情緒壓力，潛意識透過「淹沒感」傳遞焦慮與情緒封鎖的危機。

案例二：夢者十年內數度夢見自己被同一陌生人追殺

・東方解釋：有冤親債主未解，可能為前世因果回應，建議進行超渡與靈體對話；

第五章　恐懼、災難與死亡夢：內心的聲音還是外在預兆？

・西方解釋：那位「陌生人」可能象徵夢者無法面對的創傷記憶或被壓抑的自我原型（如攻擊性、恐懼、欲望），追殺行為為自我排斥機制的極端表現。

重複夢是潛意識不願被忽視的吶喊

夢中不斷重演的恐懼，是心理與文化系統對夢者生活現況的強烈提示。

・東方強調其「象徵警告」功能，認為夢者正處在宇宙秩序與靈界訊號的交會地點；

・西方則視為「自我整合未完成」的象徵劇場，是心理轉化進程中的痛點與起點。

在反覆來訪的夢象中，藏著我們尚未願意說出口的故事，以及每個夜晚潛意識努力修補自己的痕跡。

第六節　東方解作「有事將至」，西方解為「創傷迴響」

夢境中的恐懼常被視為內心深處最誠實的回聲，尤其當這些恐懼呈現模糊、突兀、無法言明的形式時，不同文化將其引導向截然不同的詮釋路徑。在東方，這類夢境往往被視為即將發生某事的預兆，特別是災禍、病厄、家庭不順或社會危機；而在西方心理學中，則更傾向將這些夢理解為創傷經驗的反射、壓抑情緒的重現或潛意識嘗試修復的過程。

東方：夢是預兆，「不祥之氣」的象徵

東方傳統文化普遍將夢視為與天地感應、陰陽變化、靈界訊息相關的載體。當一個夢境帶有持續性的恐懼、焦慮或不詳氛圍時，最常見的詮釋是「有事將至」。

・夢中被困於黑暗處，可能象徵疾病、官司、運勢轉衰；

・夢見血流不止或身體破損，常與財損、血光之災或重大變動有關；

・夢見天空異象（如紅日墜落、天裂、雷聲不停），在古代被視為國運或家運將變動的象徵。

這種觀點背後蘊含著「夢為感應之象」的哲學預設──夢是與外在世界連動的表徵，包含著未發之機，甚至來自神明、祖靈或冥界的警訊。因此夢不僅要解，還要應對：請神、解夢、補運、避煞等行為構成一種文化實踐。

第五章　恐懼、災難與死亡夢：內心的聲音還是外在預兆？

西方：夢是創傷的迴響，潛意識的療癒語言

與東方對災異之夢多採「前瞻性」詮釋不同，西方心理學更聚焦於「過去未被處理經驗的回聲」。恐懼夢在這樣的體系中，成為創傷記憶、壓抑情緒與身分矛盾的視覺再現：

・夢中逃離災難，可能象徵夢者現實中難以擺脫的焦慮情境（如工作困境、人際衝突）；

・重複出現的暴力或衝突畫面，是未整合的創傷記憶在潛意識中不斷重現的結果；

・突如其來的夢中痛哭、死亡、迷失，反映夢者正在經歷認同崩潰或角色轉換期；

・夢中的「陌生恐懼對象」，往往象徵被壓抑的陰影自我，是尚未被夢者接納或理解的內在片段。

創傷治療中的「夢分析」常用來協助病患辨識創傷觸發源，並透過敘事與象徵轉化進行心理修補。這裡的夢是拼圖——協助夢者理解過去、統整當下、自我和解。

案例對照：同一恐懼，不同脈絡

案例一：夢者頻繁夢見自己被洪水吞沒，醒來時滿身冷汗

・東方解釋：水為財，洪水失控象徵財運大變動，主破財或外在情勢劇烈動盪。

・西方解釋：洪水象徵情緒失控，可能與長期壓抑的悲傷、焦慮、愧疚有關，是潛意識釋放情緒過載的自我保護反應。

案例二：夢者持續夢見自己深陷迷宮、永遠無法走出

・東方解釋：陷於陰煞困境，主運途未明或有外靈干擾，建議安神避煞。

・西方解釋：象徵夢者的現實困境（如關係迷失、自我定位模糊），是一種「生命無出口感」的心理投射。

預示 vs 重現，兩種文化的夢境邏輯

恐懼夢的本質究竟是向未來招手的預言，還是對過去回聲的迴盪？

・東方以「有事將至」為詮釋重心，強調與宇宙、祖靈、命運系統之連動，強調處理之道；

・西方則以「創傷迴響」為理解關鍵，視夢為內在整合與心理療癒的語言，強調理解與轉化。

這是文化對壓力、時間與自我認知的理解差異。在理解恐懼夢的過程中，也許我們最終理解的，是自己與這個世界之間，正在建立什麼樣的關係。

第五章　恐懼、災難與死亡夢：內心的聲音還是外在預兆？

第七節　恐懼夢如何面對？是躲避還是整合？

夢中的恐懼，是心靈最無防備的時刻所展現的反應。無論是逃亡、災變、死亡、異象、暗影或無形壓迫，這些畫面往往讓人於夢醒後心神未定。但問題不只在於夢境本身，更在於：我們該如何面對這樣的夢？是選擇躲避與壓抑，還是試著理解與整合？

東方態度：避邪鎮煞，處理外在因果

在東方傳統文化中，恐懼夢常與陰煞、鬼神、風水失衡或命運波動相關。面對這些夢，普遍傾向採取「應對法」而非「理解法」：

・請神問卜或找解夢師占斷吉凶：透過風水師、道士、占卜師確認夢是否為警示；

・進行儀式行動：如安太歲、補運、驅邪、超渡、焚香燒符等；

・避免特定行動或日子：根據夢境判斷需避開婚喪、遷移、簽約或旅遊等敏感事項；

・家族或祖靈層面的修補：若夢與祖先、墳地或宗祠有關，常需進行祖先拜祭與風水整修。

這些應對方式反映東方文化中「外在力量影響個人命運」的基本信念，也展現出「夢是一種天人感應」的宇宙觀，重點在於阻斷夢境所傳遞的負面影響，恢復命理與氣場的平衡。

西方態度：理解與整合，啟動自我轉化

西方心理學則強調「恐懼夢的意義即為整合的契機」。夢中出現的每一種恐懼，其實都是潛意識在傳達某種尚未被看見或處理的內在需求或衝突：

- 接受夢境情緒而非否認：心理師會鼓勵夢者「回到夢中」，重新感受恐懼、驚慌、羞辱與焦慮；
- 自由聯想與象徵轉化：透過對夢中符號（如追逐者、黑影、地震）進行主觀聯想，找出其對應的現實壓力源；
- 創傷整合與敘事重建：將夢境作為談話治療的素材，逐步建立「過去情緒－現在狀態－未來行動」的心理地圖；
- 主動介入與行為調整：若恐懼夢與某類壓力源明確關連，則透過現實層面的行動（如結束壓迫性關係、調整工作環境）回應夢境需求。

在此觀點下，恐懼夢是潛意識「未完成情緒」的具象表現。

實務對照：夢中火災的東西方處理策略

案例：某夢者多次夢見家中失火，火舌自屋頂燒起，全家倉皇逃出。

- 東方應對：被視為風水不佳、祖先不安或家庭運勢轉弱之象，建議請師父看宅、調整神位或進行補運儀式。
- 西方應對：心理分析將火視為壓抑的情緒（如憤怒、焦躁）之象徵，夢可能反映夢者在家庭中承受長期壓力或情緒被壓制，治療重點放在情緒釋放與家庭關係調整上。

躲避與整合：兩種文化回應的深層差異

在東方的信仰體系中，夢被視為來自神靈、氣場、祖靈或命理系統的訊號，因此夢者的任務是「避凶趨吉」、「化煞解厄」；

在西方心理學視角中，夢被視為來自自我內部的訊息，夢者的任務是「傾聽內在」、「整合衝突」。

第五章　恐懼、災難與死亡夢：內心的聲音還是外在預兆？

這代表兩種文化對夢的本質理解 ——

・一種相信夢為天道介入，行為對應才有救贖；

・一種相信夢為自我顯影，理解與轉化才有成長。

如何面對恐懼？從文化決定對話方式

恐懼夢會不會發生不重要，重要的是它如何影響你。

・如果你是東方語境中的人，可能會去拜拜、燒香、找老師解夢；

・如果你受西方心理學影響，可能會寫夢日誌、找尋心理諮商、做夢境敘事。

但無論哪種方式，它們其實都在幫助夢者建立一件事 —— 與夢對話的語言。

面對恐懼夢，你要選擇逃走，還是開始傾聽？

第八節　死者夢中的話要信嗎？文化觀點相左

夢中死者說的話，總讓人難以忽視。不論是親人的囑咐、陌生亡靈的指引，還是無聲的凝視與感召，這些夢境常令人心生困惑：它們是否具有預言性？是否真的代表另一個世界的訊息？或者只是潛意識中遺憾、焦慮或創傷的再現？東方與西方文化對夢中亡者語言的態度，恰好形成一組鮮明對比。

東方觀點：亡者傳話，是祖靈示警與因果回應

在東方信仰體系中，死者入夢被視為祖靈或陰界介入現實的重要通道，特別是夢中亡者開口說話，更具明確訊息與指向性：

・夢見祖先告誡或提醒，常被解釋為家運將變、祖墳未安、後代失德等需要修正的訊號；

・亡者傳話要求償還、拜祭或交代遺願，是民間常見的「託夢」信念，夢者被視為與靈界溝通的中介；

・若夢境重複出現同樣語句、亡者神情凝重、語氣急迫，往往建議夢者進行法事、祭拜或詢問命理師協助解讀。

這種夢境的可信度，在民間文化中頗高。許多真實個案中，夢者依照亡者託夢內容去尋找遺物、處理祖墳或更改神位，結果印證夢境所述，也強化了這種信仰的實踐基礎。

西方觀點：死者發言，是潛意識創造的對白

西方心理學對夢中亡者說話的態度截然不同。他們不視之為靈界訊息，而是視為夢者內在心理劇場中的一部分角色，其發言是潛意識為了

第五章　恐懼、災難與死亡夢：內心的聲音還是外在預兆？

傳達特定情緒、未竟想法或內在矛盾而建構的語言表現：

・佛洛伊德認為夢中對話多為壓抑欲望的外化，死者的語句常與未處理的悲傷、罪疚或親密關係創傷有關；

・榮格則將夢中亡者視為個體化過程中的「指引者」，其語言不一定來自記憶，而可能象徵潛意識中的智慧、警告或整合訴求；

・現代解夢學派強調：這些語句並非外來訊息，而是夢者自我中的「內在對話」，反映尚未處理完的情感關係或心靈課題。

因此，在西方夢境分析中，重點並非信不信「亡者真的說了什麼」，而是這句話在夢者心中產生什麼感覺、牽動什麼記憶、引發什麼反思。

案例對照：夢中的話，是語言還是象徵？

案例一：夢者夢見已故祖母說：「你家地有問題，趕快去看。」

・東方解釋：祖靈託夢，可能為墳地風水出狀況，或家中運勢將逆轉，應儘速處理。

・西方解釋：祖母象徵家族歸屬與安全感，夢者可能對居所或生活環境感到不安，該語句為潛意識的「焦慮警示」。

案例二：夢者夢見死去的摯友說：「你不是你自己。」

・東方解釋：靈界警示夢者心神失衡，需注意精神與運氣之失控。

・西方解釋：此語句極具榮格象徵性，可能暗示夢者活在社會角色壓力之下，失去真我，亡者作為潛意識導師出現，提醒回歸本心。

第八節　死者夢中的話要信嗎？文化觀點相左

夢中亡者之語，是誰的聲音？

夢中死者的話語，究竟來自哪裡？

・在東方，它是來自靈界的實質訊息，需以儀式、行動回應之；

・在西方，它是夢者內心的象徵聲音，需以分析、理解吸收之。

兩者反映出文化對死亡、語言與潛意識的根本理解差異。對某些人而言，那些夢中亡者的話語，可能是跨越生死的最後一次對話；對另一些人而言，那些語句，其實是心裡一直想對自己說卻從未說出口的話。

第五章　恐懼、災難與死亡夢：內心的聲音還是外在預兆？

第九節　情緒是否能改變夢中情境？

當我們身處夢中，情緒如同暗流潛行，主導著場景的發展、角色的行為與整體氣氛的轉變。有些人經歷過這樣的情境：當他在夢中感到極度害怕時，整個場景迅速轉為黑暗或危險；但若夢中自己保持冷靜，原本混亂的局面似乎也能自我化解。這是否意味著情緒能夠直接影響夢境的內容與結構？這一問題，也揭示了東方與西方在解釋「夢與情緒關連」上，所採取的根本立場差異。

東方觀點：情緒為氣場變動，影響夢之吉凶

在東方解夢體系中，夢被視為天地陰陽運行的感應結果，而個人情緒則被理解為一種「氣」的流動。夢中出現的情緒強度與質地，會改變夢境呈現出來的內容與象徵意涵：

・夢中若心生恐懼，易招陰煞之象：如夢見黑影、迷宮、夜行、被追趕等，與夢者身心氣場下降、心神不安有關；

・若夢中內心平靜，即使面對災異也可能轉凶為吉：顯示夢者陽氣充足、德行穩定，可避開災禍；

・喜悅、感恩等情緒，可使夢境轉為祥瑞，如夢見蓮花、仙鶴、彩雲等象徵「氣運上升」之景象；

・情緒波動劇烈者，易夢見火、雷、水災等自然象徵，其實反映的是個人體內陰陽失衡、情緒未得釋放。

因此，在東方解夢邏輯中，情緒是一種會改變夢境內容的「能量型態」，正氣者夢吉，邪氣者夢凶，夢境成為身心氣機的反映平臺。

第九節　情緒是否能改變夢中情境？

西方觀點：情緒為潛意識語言，主導夢象演進

西方心理學則更強調情緒在夢境中所扮演的主導角色。夢不只是被動接受現實壓力的反射，而是潛意識透過象徵與情節來處理情緒張力的舞臺。

・佛洛伊德認為夢是壓抑情緒的出口，尤其是性慾、攻擊欲等不被允許的社會情緒，會以象徵方式現身；

・榮格則視夢為個體潛意識與集體潛意識對話的劇場，情緒成為啟動夢象的重要能源；

・現代神經心理學研究發現，REM 期腦部情緒中樞（如杏仁核）活躍程度與夢中情緒強度高度相關，顯示情緒不僅參與夢境內容，還可能決定夢境能否被記住。

在實務上，心理治療師會透過夢者描述夢中情緒來反向推測其未覺察的情感需求。例如：

・若夢中一直無法逃離危機，治療重點可能放在「控制感缺失」與「安全感建構」上；

・若夢中不斷對某人發怒，則可能反映現實中無法發洩的關係壓力；

・若夢者能在夢中平靜面對過去創傷情境，則視為療癒進展的關鍵指標。

清醒夢與夢中自我調節能力

在「清醒夢」（Lucid Dream）研究中，夢者在夢中覺察自己正在做夢，並可在一定程度上控制夢境。許多清醒夢研究者發現，情緒管理能力是決定夢境控制力的關鍵因素：

第五章　恐懼、災難與死亡夢：內心的聲音還是外在預兆？

・當夢者能在夢中主動放鬆、呼吸或平靜自己，往往能讓惡夢轉為中性甚至愉悅；

・若夢者在夢中試圖壓抑恐懼而非面對，則夢境常變得更混亂與脅迫。

情緒不只是夢的內容來源，也可能是夢境走向的「導航工具」。

夢是情緒的反映鏡，還是整合器？

夢中情緒不只是附屬，而是內容生成的核心力量：

・在東方文化中，情緒是一種氣的流動，會影響夢境呈現出的象徵吉凶；

・在西方心理觀中，情緒是潛意識的語言，是夢中所有意象與場景背後的驅動因子。

不論哪一種觀點，都指出了一件事——夢與情緒密不可分。夢是由我們的內在狀態即時剪接與上演的意象劇場。當我們學會辨識夢中的情緒，我們也就學會看見真正的自己。

第十節　面對災難與死亡夢的文化應對法則

　　災難與死亡夢經常帶來震撼與不安，也常被認為是最需要「解讀」與「回應」的夢境類型之一。夢見洪水、火災、地震、空難，或是目睹自身死亡、親人離世，對夢者而言都是極度強烈的心理感受。那麼，在面對這些夢境時，東方與西方文化各自發展出什麼樣的應對法則？

東方法則：祭解與趨吉避凶的儀式體系

　　在東方文化中，災難與死亡夢多半被視為「來自外部力量的預警」。因此，其應對方式也多傾向於祭解、修補、祈福與行為調整：

　　・祭拜祖靈或亡者：若夢中出現親人死亡或祖先召喚，多半解釋為祖靈訊息未被聽見，應進行拜祭以求安寧；

　　・尋求命理師或解夢者解釋：藉由擲筊、卜卦或夢書對照分析夢境意涵，判定其吉凶；

　　・舉行補運或驅邪儀式：如夢中出現火災、水災、黑影、墳地，常需請道士或法師進行鎮煞、淨宅、安太歲等行動；

　　・調整生活行動與時機選擇：例如夢到災難後三日內不簽約、不遠行、不婚嫁，藉此避開凶象應驗的可能性。

　　這些應對法則背後的核心信念是：「夢境有能量，行動可轉化。」夢是來自天地或陰陽界的徵兆，對應方式需要落實於具體祭儀與行為改變上。

西方法則：理解夢境為心理療癒的契機

　　相對於東方重視「應對」，西方則更強調「理解」——尤其是將災難與死亡夢視為潛意識試圖整合壓力、創傷與死亡議題的表現。

第五章　恐懼、災難與死亡夢：內心的聲音還是外在預兆？

・夢中災難被視為心理壓力的象徵劇場：如火災代表憤怒爆發、水災象徵情緒失控、地震是信念崩塌的隱喻；

・死亡夢被解釋為轉化與重生的隱喻：夢見自己死亡常與角色轉變、自我認同重組或結束舊生活模式有關；

・心理治療介入：透過夢分析、自由聯想、敘事療癒等方式，協助夢者辨認夢境背後的情緒需求與歷史根源；

・建立安全感與控制感：幫助夢者在現實生活中處理焦慮來源，強化對未知與改變的心理韌性。

這樣的法則核心在於：「夢境不是警告，而是對話。」它是一種意識的展演，需要解讀而非逃避、理解而非壓制。

比較觀點：行動解夢 vs 理解解夢

面向	東方文化	西方文化
對夢的本質認知	天地感應／陰陽氣場訊息	潛意識敘事／情緒張力象徵
災難夢的解釋	預兆災厄、需解煞避凶	壓力投射、情緒調節
死亡夢的解釋	不祥警訊、命運轉折或祖靈示意	自我重建、角色蛻變或創傷療癒
應對策略	儀式補運、禁忌避行、請神解夢	心理分析、情緒處理、行為轉化
核心應對邏輯	轉化夢的能量以改變命運	解構夢的語言以促進整合

第十節　面對災難與死亡夢的文化應對法則

夢後的第一步，你選擇做什麼？

夢見災難與死亡，是內在動盪的回聲，也是文化信仰與心理結構的顯影。

・在東方，夢後的第一步可能是去廟裡拜拜、查黃曆、尋師問卦，將夢視為需要處理的命運提示；

・在西方，夢後的第一步則可能是記錄夢境、與治療師討論、深入分析其背後象徵與情緒。

這兩種方式沒有對錯之分，而是兩種文明面對不確定性的選擇：一種透過外在儀式爭取命運秩序，一種透過內在理解找回心靈平衡。

或許最重要的不是「哪種方式才正確」，而是你是否願意承認：那些令人不安的夢，其實是一種來自內外世界共同寫下的邀請函，請你開始傾聽 —— 那份藏在黑暗裡的訊息。

第五章　恐懼、災難與死亡夢：內心的聲音還是外在預兆？

第六章
夢中的愛與性：
慾望、關係與文化壓力

第六章　夢中的愛與性：慾望、關係與文化壓力

第一節　東方看性交夢：有喜、轉運或生育暗示

夢中發生性行為，無論對象為誰、場景為何，總讓夢者在醒來後產生強烈的情緒波動與好奇心。在東方文化裡，這類夢境不單單被視為慾望投射，更往往被賦予豐富的象徵意涵——有時與運勢相關，有時與婚姻有關，甚至被視為命理中「轉運」、「求子」、「得福」的吉象。這些看法反映出東方社會對性的態度不僅具有壓抑面，也存在一種深植於命理觀中的象徵思維。

性夢作為吉兆的民俗詮釋

在中國古代夢書與民間信仰中，「夢見性交」往往不被視為淫穢之象，反而與「陰陽交合」、「陰氣轉陽」等概念相連結，被解釋為運勢即將轉好或身心氣場得以補充之徵兆：

・夢見與異性發生性關係，常被視為「桃花旺盛」、「貴人將近」、「婚運將至」；

・夢見與不認識的人發生關係，則象徵生活中將出現意外之機遇，或有陌生人帶來新機會；

・若夢中對象為名人、官員或貴族，則代表「升官發財」、「地位提升」；

・夢見與配偶恩愛交合，則被視為家庭和諧、後代運勢興旺之象。

這些解釋源於東方「象徵類比」的夢解邏輯，將夢境中的行為、角色與現實之間建立一種隱喻關係，並非以行為本身的道德判斷為主。

性夢與生育暗示：夢中交合與求子之連結

在傳統的民俗信仰與宗族文化中，夢中的性行為常常與「求子」相關，尤其是：

・女性夢見與龍、虎、蛇等神獸性交，常被視為「天子夢」，象徵將懷孕並育有貴子；

・男性夢見與神祇或神女交合，亦有「種下好運」的象徵性詮釋；

・若夢中性交場景出現蓮花、水池、竹林等自然象徵，更加強了「生機」、「繁衍」、「轉運」等隱喻；

・有些地方習俗甚至會在備孕期間「求夢」，希望神明透過夢境傳示受孕時機或孩子的性別。

這種觀點顯示，東方將夢境視為生命週期與宇宙律動的一環，夢中的性不只是情慾，而是與命運、生命延續相連的神聖體驗。

性夢的轉運機能與道教觀點

在道教與陰陽學中，性不僅是人倫之事，更是一種氣的交會與能量交換。

・性夢若出現於「運勢低迷」、「氣場紊亂」時，可能象徵一種「陰陽調補」之需求，代表夢者需要透過情感、關係或身心合一的方式來重整氣場；

・若夢中性交結束後感覺輕鬆、愉悅、祥和，則為吉象，表示內在能量調和成功；

・反之，若夢後感到疲憊、煩亂或羞愧，則可能為「邪氣入夢」、「陰火過旺」，建議夢者修身養性，暫避情慾之事。

第六章　夢中的愛與性：慾望、關係與文化壓力

這套思維不以性為禁忌，而是將之視為身體與天地間一種「氣的介面」，因此對夢中的性也就抱持著更宏觀與功能性的態度。

案例參照：性夢在現實中如何應對？

案例一：一位女性夢見與陌生男子激情交合，醒來後感覺臉紅心跳。

・傳統解釋：近期桃花運旺盛，或有異性示好；亦可能是內心情感未得釋放所致。

・實務應對：若為單身，宜注意交友場合，亦可透過夢境釐清情感需求。

案例二：一位男性夢見與亡妻交合，感覺淚流滿面。

・傳統解釋：思念情深，亡者託夢，亦可能為內心孤寂之象。

・實務應對：建議以祭拜或寫信方式釋放情緒，也可視為內在情感尚未完成的療癒歷程。

東方性夢觀，是慾望，也是命運密碼

在東方文化中，性夢是一種「能量」的顯影與「命理」的暗示。

・它可能象徵運勢的開展，也可能隱含生育的徵兆；

・它可能源於潛意識的需求，也可能是祖靈、神明的預告與提醒。

因此，與其羞於談夢，不如細細體察——你在夢中與誰結合？在哪裡？夢後感覺如何？這些細節正是打開夢境意義的鑰匙。

第二節　西方看性夢：壓抑、象徵或成長動力

　　與東方文化將性夢視為吉兆或氣場轉變不同，西方文化，尤其是心理學脈絡下，對性夢有著深刻而複雜的詮釋體系。從佛洛伊德到榮格，再到現代心理動力學與性別研究者，西方對性夢的分析從未停止過深化。對西方而言，性夢是潛意識的密語，是壓抑的反射、慾望的象徵，甚至是自我成長與內在統合的機制。

性夢與壓抑理論：佛洛伊德的原始敘述

　　佛洛伊德是西方分析性夢的先驅，他在《夢的解析》中指出：「夢是壓抑欲望的實現。」其中，「性」是最常被社會壓抑的基本驅力，因此性夢是潛意識對壓抑的欲望的一種象徵性滿足。

　　‧夢中與不該發生關係的人交合（如師長、親屬），其實代表對權力、認同、安全感等心理需求的變形表達；

　　‧夢見自己被動接受性行為，可能反映自我中「被控制」、「依附」的需求；

　　‧夢中強烈的性興奮與夢醒時的羞愧感，正是壓抑與欲望拉扯的證據。

　　在佛洛伊德體系中，性夢的內容往往被視為象徵（symbol），而非字面意義。例如，爬梯子象徵性交、走進黑暗通道象徵陰道、飛行象徵高潮經驗，這些轉譯方式使得夢中的性行為成為閱讀潛意識地圖的關鍵指標。

第六章　夢中的愛與性：慾望、關係與文化壓力

榮格觀點：性夢為整合陰影與自我發展之徵

榮格雖延續了佛洛伊德的夢分析傳統，但他將性夢的重點從「壓抑欲望」轉向「自我整合」。對榮格而言，夢中的性象徵，尤其是與異性的結合，代表的是夢者自我與「阿尼瑪／阿尼姆斯」（Anima／Animus）——即潛意識中異性面向的會合與整合。

・女性夢見與男性結合，是其內在陽性特質覺醒的象徵（如理性、主動、創造力）；

・男性夢見與女性結合，代表其內在陰性特質（感性、包容、直覺）正在尋求統合；

・此類夢常出現在人生轉折點、心理轉化階段，是「個體化歷程」的象徵標記。

榮格更進一步指出，性夢不必然關乎性本身，而是靈魂中陰陽兩極互補之路的心理顯現。

現代心理動力與性別觀點的延伸

當代心理學進一步將性夢納入更寬廣的範疇——不只是壓抑與整合，也可能反映性別角色、情感需求、創傷經驗或社會期望：

・性夢中的對象若為同一性別，不必急於歸類為性傾向問題，而應理解為對自我某部分的關注或認同探索；

・夢中性行為為暴力或無助，可能為過往創傷、羞辱、身體界線被侵犯的潛意識記憶重現；

・若夢中反覆出現某類性場景，則應探討現實生活中是否有情緒匱乏、親密阻隔或認同錯位的經驗正在反覆訴說。

這些分析不再將性夢視為「異常」或「禁忌」，而是一種深層心理經驗的象徵語言。

案例解析：從象徵理解性夢的多重向度

案例一：夢者為一位事業有成但情感壓抑的女性，反覆夢見與陌生男子在海灘激情交合。

・分析：陌生男子象徵夢者內在尚未表現的情感渴望或陰性特質，海灘則象徵界線模糊的安全空間，代表夢者需要整合感性自我。

案例二：一位男性夢見與童年好友發生性行為，醒後震驚並困惑。

・分析：該夢並非關於性傾向，而是象徵夢者對友情深層連結的渴望，好友代表夢者童年記憶中的純真、安全與情感認同。

西方性夢觀，是壓抑之語，也是成長的隱喻

性夢不一定只是關於肉體，它可能是潛意識中最深處的對話：

・它可能在訴說被壓抑的欲望與不被允許的情感；

・它也可能在訴說我們尚未整合的性別能量與自我形象；

・它還可能在召喚我們面對過去的創傷、當前的孤獨與未來的轉變。

對西方而言，性夢是心理轉化的入口，是自我重新被發現、命名與尊重的歷程。當我們學會解讀夢中的性，我們也就學會理解自身的情感飢餓、渴望與創造力之源。

第六章　夢中的愛與性：慾望、關係與文化壓力

第三節　夢見前任是什麼意思？

夢見前任戀人，是許多人的共同經驗。無論這段關係已結束多久，那個熟悉又陌生的身影在夢中再次現身，總讓人心頭一震。這類夢境到底在說些什麼？是未了情？內心遺憾？還是潛意識的整理行為？

東方觀點：情感餘震與命運牽連

在東方夢解系統中，夢見前任通常有兩種主要解釋方向：

・情感未竟與心念牽引：認為夢者仍對對方存有思念、愧疚、怨懟等未解情緒，夢境成為這些殘留情感的顯影；

・命理與緣分未斷：在命理中，若兩人八字仍有糾纏、緣分未清，便可能在夢中重逢，甚至被視為「緣分回頭」的預兆。

此外，根據《周公解夢》等古籍記載，夢見前任還可能對應不同現實情況：

・若夢中氛圍和諧，可能預示新情感機會將到；

・若夢境中爭執或對方冷淡，則象徵近期情感運低落，需小心爛桃花。

這樣的詮釋背後，其實體現了東方文化對「人與人之間情感牽引力」的高度重視——緣未盡，夢會現；情未清，魂難安。

西方觀點：前任為心理原型與內在議題的象徵

相較東方將前任視為實際存在的「他者」，西方心理學更傾向視其為「內在自我的一部分」。夢見前任，可能象徵一段人生階段、一種內在角色或尚未整合的情緒能量。

- 佛洛伊德式分析：前任代表過去關係中的欲望、性壓抑，夢境是對這些需求的補償性再現。若夢中情節重現與前任的親密行為，可能象徵現實生活中類似需求未得滿足。

- 榮格式觀點：前任為夢者「阿尼瑪／阿尼姆斯」的化身，代表內在異性原型，夢境出現意味著夢者需要與自己陰性或陽性面對話與整合。例如，女性夢見前男友可能是其內在主動性格的投射；男性夢見前女友則可能是對情感細膩、包容面向的召喚。

- 現代心理學觀點：夢見前任多為「情感記憶重組」的結果，潛意識將舊關係素材用以處理當下的情緒難題。例如，當夢者正經歷新關係的不安，夢中可能喚回前任作為「比較樣本」或「警示象徵」。

案例對照：從夢中互動分析夢意指向

案例一：夢者夢見前任送她一封信，寫滿歉意與祝福

- 東方解釋：對方可能真有思念，或夢者潛意識想尋求圓滿收尾。
- 西方解釋：信為內心訊息的象徵，夢者潛意識在釋放過往關係中的遺憾與寬恕，開始整合創傷經驗。

案例二：夢者夢見前任冷漠地離開，自己追不上對方

- 東方解釋：感情緣分已斷，提醒夢者勿陷舊情；
- 西方解釋：代表夢者在情感失落中仍未釋懷，夢境重現創傷場景是為了讓夢者「再次經歷、重新定義」。

夢見前任，是再戀？還是自我療癒？

夢見前任，不一定是為了懷舊，有時是一種心理進程。

- 東方視之為緣分未盡的外在牽引，需觀察夢中氛圍以判吉凶；

第六章　夢中的愛與性：慾望、關係與文化壓力

・西方視之為內在自我的反射與成長，是一段關係在夢中的重整與意義重建。

當你夢見那個曾經愛過的人，或許不只是夢見對方，而是在夢見自己——曾經的自己、正在改變的自己、還未說出口的自己。

第四節　羞恥與興奮並存：文化怎麼詮釋這種情緒？

性夢的特殊之處，往往不只是夢中的行為本身，而在於夢醒之後的情緒交織：既有肉體上的愉悅與興奮，也伴隨心理上的羞愧、尷尬與道德不安。這種「羞恥與興奮並存」的感覺，在東西方文化中被賦予不同的象徵詮釋，也揭露出各自對於「慾望」、「規範」與「身體」的基本立場。

東方觀點：情慾羞恥為德行反映，夢為戒之鏡

在東方文化脈絡中，性是一種私密而需克制的能量。儒家思想長期強調「禮教」、「修身」，使得性夢被視為一種道德警示：

・夢見不合宜對象（如師長、親屬、出家人）發生性關係，常被視為心性未正、思慮有偏；

・夢醒後若感羞愧、難安，則被認為夢者仍有道德自律，尚有德根可修；

・反之，若夢後仍感興奮，並嘗試重現或追求夢中情節，則可能被視為「情慾心重」、「陰火過旺」需克制修身。

這樣的詮釋路線，實質上強化了文化中對性與慾的規範機制。羞恥不只是個人感受，更是集體道德在夢中運作的證明。

然而，在部分民俗與道教系統中，性夢也被重新解釋為氣機運行的一種反映，若夢後感愉悅且身體舒暢，亦可能象徵陰陽調和、氣血運行順暢，是健康的體徵之一。這顯示東方文化對性夢有兩極的詮釋：一為倫理壓抑，一為自然流動。

第六章　夢中的愛與性：慾望、關係與文化壓力

西方觀點：羞恥為內化規範，興奮是未解壓抑的證明

西方心理學將性夢中的羞恥與興奮視為潛意識衝突的直接體現。

1. 佛洛伊德學派：壓抑的欲望與超我的對抗

・夢中性行為帶來快感，夢後感羞恥，反映的是「本我（欲望）與超我（道德）」之間的張力；

・羞恥是夢者醒來後，潛意識衝突進入意識後的道德反應；

・這種夢常見於青少年、性壓抑者，或有道德潔癖的夢者身上。

2. 榮格學派：羞恥為整合未竟的象徵

・榮格認為，夢中的羞愧與興奮是象徵內在陰影與社會自我之間的裂縫；

・性夢本質上是統整自我未被接受面向的契機，羞恥是潛意識對社會形象的自我批判；

・若夢者能承認夢中的欲望、接受自己的陰影，羞恥即可能轉化為個體化的一部分。

3. 性別與酷兒研究：羞恥為社會制約，夢為身體自主性表現

・當代性別研究認為，夢中的羞恥感源於社會對性別行為的期待與壓迫；

・舉例而言，女性夢見主動表現性行為，常會醒後自責，這正反映女性在性表達上被文化壓抑的現象；

・對 LGBTQ+ 族群而言，性夢常是一種探索與釋放，羞恥與興奮並存，正是對主流性別規範的無聲抗辯。

第四節　羞恥與興奮並存：文化怎麼詮釋這種情緒？

案例參照：羞恥與興奮交織的解讀

案例一：夢者夢見與職場主管發生性行為，醒後震驚又心跳加速。

・東方解釋：此夢顯示夢者對權力者產生情緒依附或壓力下之情慾投射，需修心警惕。

・西方解釋：主管象徵權力、肯定與安全，夢中性交代表夢者渴望被肯定、接納或對主控局勢的潛在欲望。

案例二：夢者夢見在公開場合與戀人親密，醒後羞愧難安。

・東方解釋：夢者內心慾望過盛，已侵擾社交禮儀之界線；

・西方解釋：夢者潛意識中渴望關係公開化、情感表達自由，夢境反映其與現實角色壓抑的落差。

羞恥與興奮，是文化與潛意識的交會地帶

性夢中的羞恥與興奮不是矛盾，而是人類文化與個體心理交織下的結果：

・在東方，羞恥象徵道德自律，興奮則需警惕身心失衡；

・在西方，羞恥是超我運作的結果，興奮是本我需求的回聲。

理解這種情緒交織，不只是了解夢，更是了解你自己在文化、社會與心理多層結構中的定位。

第六章　夢中的愛與性：慾望、關係與文化壓力

第五節　女人夢與男人夢的社會角色差異

夢中情慾的展現，並非單純是一場個人經驗，而是深受性別角色與文化期待影響的現象。無論夢境中的行為是否激烈、情節是否曖昧，夢者的性別都會在文化框架下導向不同的詮釋方式。東西方文化對男女性夢的解釋，更關乎社會對男女「該怎麼渴望、怎麼表達」的根本想像與規訓。

東方觀點：女性性夢為身體警訊，男性性夢為慾望外洩

在東方傳統觀念中，性夢之於男性與女性，其正當性與象徵意涵截然不同。

1. 女性性夢：隱晦、病徵與氣場波動

・女性若夢見性行為，尤其是主動行為，常被解釋為「陰氣過盛」、「心火偏旺」，甚至代表情慾過度、情志不穩；

・若夢中情境感到羞愧或失控，則可能代表即將有婚姻之事，或為情感糾葛之兆；

・民間夢書甚至指出，女子若夢中連續出現性行為，應注意婦科疾病或桃花劫。

2. 男性性夢：正常現象與轉運象徵

・男性夢見性行為，尤其是與不知名對象者，常被視為「陽氣外溢」、「轉運之機」；

・若對象為貴婦、仙女等高位象徵，則視為仕途或財運將旺；

・若夢中主導性交，象徵事業主控、氣場強盛；若被動接受，則代表權力受挫、情緒壓抑。

東方的詮釋體系明顯反映出：性夢中的男性較能被容許為「自然現象」，女性則容易落入道德與疾病雙重壓力。

西方觀點：性夢揭露社會性別規範與內在衝突

在西方心理學與性別研究中，性夢被視為揭露個體內在性別角色認同與社會壓力的窗口。

1. 女性夢者的性夢：從壓抑到釋放

・性夢被視為女性解放內在慾望、挑戰外在角色限制的途徑；

・若夢中展現主動性，代表夢者在現實生活中追求自主權與情感主導；

・若夢後感羞愧，則反映文化對女性「不該有慾望、不該主動」的深層壓力。

2. 男性夢者的性夢：身分焦慮與控制感投射

・男性夢見性夢往往不只是慾望，而是對於權力、成功、自我價值的投射；

・若夢中處於被動、失控或異常場景（如公開、被看見），常象徵現實中自我認同的危機；

・一些夢境甚至透露男性對脆弱、自卑或感情匱乏的潛在焦慮。

案例解析：性別不同，夢意改變

案例一：女性夢見自己主動與上司發生性關係，醒來羞愧難當。

・東方解釋：夢者桃花過盛，需自律修身，亦可能婚運將至；

・西方解釋：夢者內心渴望掌控職場關係，夢境表達其對自主與認同的追求。

第六章　夢中的愛與性：慾望、關係與文化壓力

案例二：男性夢見被陌生女性侵犯,醒來感到不安與無助。

・東方解釋：氣場受破,或為運勢將轉低之兆;

・西方解釋：夢者正經歷自信心崩解或情感失控的壓力,性夢成為其脆弱感的反映。

性別是夢的起點

性夢之中,男人與女人的身體被文化賦予不同的解釋空間：

・東方讓男性主導,視其夢為轉運之象;女性則需克制,夢成為警示與病徵。

・西方則從心理動力出發,強調性夢反映性別角色的衝突、慾望的再定義與自我統合的過程。

夢中的主動或被動,激情或羞愧,是文化對我們愛、慾望、「一個合格的男人或女人」的定義與規訓。

第六節　性夢中的象徵物：蛇、洞穴、水流……

在夢中，一個簡單的意象——如蛇、洞穴、水流、樓梯、果實，往往就藏著深層的欲望、情感歷程或心理狀態。東方與西方文化對這些象徵物的解讀方式，有時殊途同歸，有時大相逕庭，正揭示了不同文明對身體、情慾與自我的思考方式。

蛇：性力量的象徵，抑或陰邪警訊？

・東方觀點：蛇在東方常被視為靈物，有吉亦有凶。若蛇纏身、蛇入懷，民間常解為將有桃花臨身、感情有變，或女性將懷孕；但若夢中蛇攻擊、咬人，則被視為小人算計、欲念失控之象。

・西方觀點：蛇自榮格以來，被視為潛意識中性力量與生命能量（libido）的象徵，特別與性慾、衝動、自我轉化有關。蛇的出現可能代表被壓抑的本能渴望，也可能象徵心理蛻變的契機。

洞穴與門戶：女性性象徵與深層無意識的入口

・東方觀點：洞穴象徵陰性、祕密、情慾潛藏之地。若夢者進入山洞、水井、石門等，常解為「入陰」或「陰陽交合」，預示情感上的變化、性生活的開展，或命理上的轉折點。

・西方觀點：洞穴象徵子宮、女性性器官，也代表夢者探索內在世界的旅程。進入洞穴象徵深入潛意識、探索原始慾望；若夢者在洞中感恐懼，可能反映對親密或自我揭露的焦慮。

第六章　夢中的愛與性：慾望、關係與文化壓力

水流與潮汐：情慾與情緒的流動隱喻

・東方觀點：夢見水常與財運、生育、情緒相關。若夢見水湧入房間，常解為「陰氣太重」、女人進入生活；若水流清澈，則為吉象，象徵情感通暢；水混濁或暴漲，則暗示情感混亂或慾望過度。

・西方觀點：水象徵情感與無意識，夢中水的動態反映情緒波動。水流強勁或高潮，常與性高潮暗喻重疊；水退潮、乾涸則象徵情感枯竭或性壓抑。

梯子、山路與隧道：性歷程與心理轉化的隱喻地圖

・東方觀點：上坡、爬梯子象徵運勢提升、陽氣上升，也可能代表追求者或主動出擊之象；下坡或入隧道則有陰性隱喻，有時象徵受孕、有時警示墜入欲海。

・西方觀點：階梯常與性接近、高潮或身體接觸相關。隧道被視為出生通道或性器象徵，也是從意識進入潛意識的心理旅程隱喻。

果實、牛奶、樹木：性成熟與滋養

・東方觀點：夢見果實（桃、李、瓜、梨）多解為生育、戀情成形、桃花之象；夢中出現乳汁、牛奶，常被視為女性身體機能活躍、可能懷孕之徵兆；

・西方觀點：果實象徵性成熟與收穫、牛奶象徵母性與滋養、樹木代表性力與生命力。這些象徵在性夢中出現時，常是夢者身心整合狀態的表現。

第六節　性夢中的象徵物：蛇、洞穴、水流⋯⋯

符號之夢，是語言，也是慾望之鏡

　　無論是蛇的蜿蜒、洞穴的深幽，還是水流的湧動與果實的成熟，性夢中出現的象徵物從不只是「物品」，它們是文化語言的一部分，也是潛意識最自然的表達形式：

　　・東方透過類比象徵，建立命理吉凶與情慾能量之連結；

　　・西方則將象徵物當作自我結構、潛意識壓抑與心理整合的語彙。

　　當你在夢中看見某個物件，它可能是你情慾、情感與文化內在記憶共同寫下的隱語。

第六章　夢中的愛與性：慾望、關係與文化壓力

第七節　情感夢與真實情感有關嗎？

有些夢境如此真實，醒來時，心中仍遺留著一絲對某人、某段關係的柔軟與波動。特別是在夢中經歷愛情、擁抱、爭執、和解，甚至心碎與重逢後，許多人會問：這些夢，是否真的反映了我們內心的真實情感？東方與西方對「情感夢」的理解，提供了兩種不同但都極具啟發性的詮釋方式。

東方觀點：情感夢為「心念感召」與「天命預示」

在東方夢解傳統中，情感夢往往被視為一種「心有靈犀」的顯現——人心之念若夠真摯，即可感應於夢境之中：

・夢見思念的人，被解釋為「心有所念、夢有所現」，尤其若對方同時也夢見夢者，則視為緣分未斷或心神感召；

・夢中與對象爭執、和好或哭泣，常被理解為心境變化的映照，亦可能為內在自省或外界人際之兆；

・若夢境感情深刻、場景清晰，則更被重視，認為可能具有「預示未來」、「感應對方」之能量。

某些道教與民間宗教系統亦認為，夢境為靈魂夜遊之所歷，因此情感夢可能真為靈魂交流之紀錄。例如兩人夢中相見、交談，可能真為夢魂相聚，需以慎重態度對待。

西方觀點：情感夢為潛意識再現與心理整合

西方心理學則將情感夢視為潛意識處理情緒、整合關係記憶與修復自我認知的手段。

1. 情感壓抑的補償性回歸

・夢中與前任重逢、舊情復燃，並非代表夢者仍想挽回，而可能代表內在未竟的情緒還在尋找出口；

・情感夢是情緒未解的「排演場」，潛意識利用熟悉對象重新演練情境，以處理情緒殘留。

2. 情感投射與角色內化

・在夢中與陌生人相戀，可能反映的是夢者對親密需求的投射，對方只是「內在情人」的象徵體現；

・常見情形是，夢中的愛人具備夢者渴望而現實中缺乏的特質，如理解、保護、接納，這些都可能是自我需求的化身。

3. 整合與療癒作用

・情感夢亦可能反映夢者心理調適的過程，透過夢境完成和解、告別、重構關係；

・榮格學派更視情感夢為個體化歷程的一部分，愛的象徵在夢中出現，是自我尋求完整性的自然展現。

案例分析：夢中的愛是什麼？

案例一：夢者夢見與多年未聯絡的初戀在咖啡廳重逢，彼此無語但眼神哀傷。

・東方解釋：舊情未斷，或初戀者於遠方有所思念感應而入夢。

・西方解釋：夢者近期可能正經歷感情低潮，初戀作為「純粹愛的象徵」被召喚出來提供內心慰藉與過去記憶的整合機會。

案例二：夢者夢見現任伴侶在夢中完全不認識自己，夢者追逐哭泣無果。

第六章　夢中的愛與性：慾望、關係與文化壓力

・東方解釋：情感中可能有疏離之兆，或有小人挑撥感情。

・西方解釋：夢者對關係中被忽視、不被了解的情緒正以夢境方式被呈現，亦可能象徵對自我在關係中消失的焦慮。

夢中愛意是什麼？

夢中的情感，是潛意識寫給意識的一封信：

・東方認為夢者的情感能夠感召對方，夢境即為情緣映像；

・西方則認為夢者的情感是自我修補的途徑，夢境是內在需求的劇場。

當你夢見愛人、戀人、情敵、陌生人——是你心中尚未被命名的情緒與期待。夢，是情感的鏡子；透過它，我們不只是在重遇舊人，也是在更深地理解自己。

第八節　愛情夢與婚姻吉兆的東方意涵

在東方傳統夢解系統中，愛情夢常常不僅僅被視為情感經驗的延伸，更被解釋為婚姻運勢、桃花氣場與命理轉變的預兆。尤其對未婚男女而言，夢中的愛情經歷往往被賦予豐富的象徵意涵——它可以是感情將近的提示，也可能是一段姻緣尚未成熟的提醒。

愛情夢作為「桃花臨身」的信號

根據民間夢書記載，夢中若出現戀愛、牽手、擁抱、相視而笑等情節，常被解釋為「桃花將至」的象徵。

・夢見與異性牽手：為桃花萌芽之象，未婚者近期可能出現追求者；

・夢中對方主動示愛：代表夢者在現實中可能將遇見對自己有好感之人；

・夢見戀愛但無法靠近對方：暗示姻緣尚未成熟，或夢者內心仍有情感障礙未解。

這種解釋將夢中的行為與現實中即將發生的感情事件建立直接連結，反映出東方文化重視「天人感應」、「緣分安排」的價值觀。

婚姻夢的預兆功能：成家與命運的轉向

愛情夢中若進一步出現婚禮、拜堂、穿著新娘裝、新郎服，或見證雙方親友等場景，更被視為強烈的婚姻徵兆。

・夢見結婚場景：對未婚者是婚運將至之象，對已婚者可能代表感情關係將進入下一階段；

第六章　夢中的愛與性：慾望、關係與文化壓力

・夢見自己遲到或無法完成婚禮：則被解為現實中感情仍有不安、未完成的課題；

・夢見與陌生人結婚：不代表未來對象，而可能是命運中的新階段象徵——工作調動、生活遷移等重大變動。

在東方解夢邏輯中，婚姻不只是兩人之事，更涉及家運、宗族、氣場的整合，因此夢中的婚姻常牽動「命格轉化」。

愛情夢與「五行姻緣」的結合

部分命理學派將夢境納入五行學說中，認為夢境中的對象性格、場景元素亦可推導姻緣屬性：

・夢中出現水、月光、船，為陰性象徵，主柔情、戀愛初開之緣；

・夢中出現火、鳥、日光，為陽性象徵，主激情、速配之緣；

・夢境場景若為橋、路、車，常與「轉運姻緣」、「跨越阻礙」有關。

這種以夢象對應五行與命格的方式，展現東方文化對「夢為天意提示」的系統性推導能力。

愛情夢的文化儀式與應對方式

因東方文化認為夢為「兆」而非「虛構」，因此當出現與愛情相關之夢境時，有些地方風俗會進行以下行動：

・擇日拜月老：若夢中出現戀人但未見其面，可能為月老牽線之象，宜至月老廟祈福強緣；

・書寫夢象記錄緣分：記錄夢中姓名、穿著、場景，作為辨識未來對象之依據；

・暫緩感情決策：若夢中出現爭執、流淚或錯過對象，則建議夢者冷靜觀察現實情感，不宜倉促投入新戀情。

這些應對方式顯示，東方文化將愛情夢視為一種與命運對話的場所。

愛情夢，是靈機乍現，還是緣分前兆？

在東方解夢傳統裡，愛情夢與婚姻吉兆往往如影隨形：

・它可能是天命所示，指出戀情將臨、緣分將至的時機點；

・它也可能是內心渴望的投射，映照出尚未發芽的感情需求與親密期待。

當你夢見某人牽著你的手，或站在你身旁穿著嫁衣 —— 這可能是天地間為你打開的感應之門。

夢中的愛情，不只讓你心跳加速，更可能是一場命運輕聲細語的預言。

第六章　夢中的愛與性：慾望、關係與文化壓力

第九節　西方性夢解析：由夢回到個體歷史

在西方心理學體系中，性夢不只是生理現象或幻想表現，更是一個通往個人心理歷史的入口。透過夢境中性相關的象徵、行為與情境，心理學者試圖揭示潛藏在無意識中的早期經驗、人格發展、關係模式與創傷記憶。這樣的解夢方式，是從夢者的生命經驗與心理結構出發，尋找夢的深層意涵。

佛洛伊德：夢為壓抑欲望的隱密實現

佛洛伊德在《夢的解析》中強調，夢是「被壓抑之欲望的偽裝實現」，尤其在性夢中，這種壓抑尤其明顯。他認為，童年時期對父母的戀慕（戀父／戀母情結）、性好奇與身體禁忌等，都會在成年後轉化為隱性內容，在夢中以象徵手法出現。

・夢中性行為常是對童年性探索經驗的回聲，例如夢見裸露、窺視、被限制等，與早期性認同建立有關；
・夢境對象往往不是現實中的慾望目標，而是某個情感記憶的投射；
・強烈羞愧感的夢境，常與早期被責罵、羞辱或禁慾經驗有關，夢是內在矛盾的象徵戰場。

榮格：性夢作為人格統合的隱喻

榮格雖也承認夢與性有密切關連，但他將焦點放在「個體化歷程」——即人的潛意識整合與心理成長。他認為，性夢是一種「自我與對立面結合」的過程，象徵夢者人格的陰陽合一。

・夢中性對象代表夢者尚未整合的人格特質，例如：男性夢見神祕

女子，實為他內在陰性特質的象徵（直覺、感性、依附）；

・夢中交合代表心理上的融合而非肉體慾望，是夢者朝向完整與平衡邁進的象徵；

・重複性夢境可能表示夢者正在經歷心理結構的重整，性只是其象徵表現之一。

性夢的對象為載體

現代心理學與敘事治療則更進一步指出：性夢中的對象、場景與行為，往往只是「載體」，真正需要理解的是夢者與這些象徵之間的情緒連結與記憶觸發。

・夢中與不熟悉者性交，可能象徵自我界線被侵犯的歷史經驗；

・夢見自己觀察他人性行為，可能與童年性教育缺乏、旁觀壓力或恐懼有關；

・在性夢中感到控制、羞辱、失語，常與過去被動、壓抑、自我否定的記憶重疊。

這些象徵不必然反映夢者現實中的慾望或道德，而是潛意識透過「象徵重演」，嘗試修補心理歷史中的裂痕。

性夢的個人地圖與心理歷程

夢與夢者當下情緒狀態、過去情感經驗與未解心理衝突密切相關。

・當夢者正處於情感壓力期，性夢可能作為逃避與釋放；

・若夢境反覆重現某段關係，則可能提示夢者尚未處理完的內在課題；

・某些性夢雖看似荒謬，實則對應夢者童年家庭關係、情緒依附模式與創傷記憶。

因此，透過與心理師共同分析，夢者能回望個人歷史，重新命名曾經被壓抑、否認、遺忘的經驗。

性夢是一封從過去寄來的信

在西方夢境理論中，性夢不是道德考題，也不是預言工具，而是一封潛意識從過去寄來的長信——

・它可能讓你重新遇見兒時的羞愧與渴望；

・它可能讓你明白那些夢中出現的人，其實就是你未曾接納的自己；

・它也可能提醒你，那些你以為忘記的事，其實從未離開。

解讀性夢，是為了展開一場深入的自我對話。

第十節　性夢與社會規訓的文化牽引

性夢作為一種深層心理活動，除了反映個體內在的渴望與壓抑，更深受社會文化結構的規訓與影響。夢中的性行為、性角色與情緒反應，並非全然自由的心理創作，而是某種程度上的「文化重演」。東西方社會在性規範、道德期待、性別角色上的不同，形塑了性夢的內容與夢者對夢的詮釋方式，也揭示出潛意識如何受制於集體意識與社會權力。

社會規訓如何塑造夢的語言

性夢常被誤認為是「個人內在的自由想像」，但實際上它的象徵語言、多數情節與角色設定，皆深受社會對性的文化敘事與道德框架所規定。例如：

・女性在性夢中感到羞愧或被動，與長期社會對女性性主動的否定與羞辱有關；

・男性夢見失控的性行為或被觀看，常映照社會對男性陽剛氣質的焦慮與強制表演；

・同性戀夢境引發恐懼或否認，反映社會對非異性戀慾望的壓制與邊緣化。

因此，性夢本質上並非無意識的「純粹表達」，而是透過社會結構內化而來的角色劇場，夢者即使在睡夢中，依然在文化設定的舞臺上演出。

東方的禮教內化與羞恥夢境

東方文化，特別是儒家傳統社會，對於情慾與性別行為有著明確的道德戒律與羞恥教育。

第六章　夢中的愛與性：慾望、關係與文化壓力

・女性夢見主動性行為，常被詮釋為「情慾失控」、「氣場陰盛」，反映出對女性身體主權的疑慮與壓抑；

・青年夢見婚前性行為，可能在夢後產生罪惡感，顯示家庭與教育對「貞節」、「自持」的內化成功；

・社會對性夢的傳統解釋常引導夢者進一步自責，甚至進行「淨身」儀式、禁慾修練等行為作為補償。

這樣的夢境規訓不僅限制夢者的性意象，更將整個夢的詮釋導向「懲罰」、「警示」與「淨化」，而非理解、接納與療癒。

西方文化中的規範多樣性與矛盾壓力

雖然西方在現代社會中對性表達相對開放，但文化規訓並未消失，反而轉化為更微妙的心理內在壓力。

・女性夢見主動情慾，可能來自對「性感但不淫蕩」的矛盾規範的內化矛盾；

・男性夢中表現溫柔、依賴，可能激發自我否定，因與「男子氣概」背離；

・LGBTQ+夢者若夢見與同性愛者情感交織，醒來後可能經歷自我懷疑或社會恐懼，說明多元性別在無意識中的壓力持續存在。

性夢在西方並不總是被鼓勵探索，反而在某些心理背景與宗教社群中仍被視為「需要處理的試探」，如天主教信仰中的「清心之夢」與夢後懺悔文化。

第十節　性夢與社會規訓的文化牽引

性夢中的社會化劇場：角色、場景與敘事格式

夢中出現的性行為並非任意虛構，而是受社會典型敘事所制約。

・場景多為學校、辦公室、公共空間，代表權力與禁忌交織的場所；

・對象往往為權威、陌生人、名人或過去關係人，代表社會結構中具影響力的形象投射；

・劇情常包括追逐、侵犯、被發現等元素，反映權力結構與羞恥文化的無意識重演。

這些夢境如同戲劇，不只演出個人慾望，也重現了文化如何教導我們「該怎麼對待慾望」。

性夢中的社會劇本

性夢，是無意識如何演繹社會規訓的痕跡。它既可能是一場對抗規則的隱密抗爭，也可能是文化內化後的自我懲戒：

・東方文化以羞恥與貞節為道德劇情主線，塑造夢者的性恐懼與潔淨壓力；

・西方文化則在自由與禁忌的模糊界線間製造焦慮，夢者於內在角色扮演中掙扎於認同與排斥之間。

性夢不一定是「真想做」，也不一定是「不該想」，它是文化壓力下，一種自我與社會對話的符號。當我們解讀這些夢，實則是在閱讀我們身上那套社會劇本：我們被誰規定、如何表演、為什麼羞愧等等。

第六章　夢中的愛與性：慾望、關係與文化壓力

第七章
神明與靈界：
夢中「超自然」的文化對話

第七章　神明與靈界：夢中「超自然」的文化對話

第一節　東方夢神觀念與宗教占夢

神明不只是象徵，而是行動者

在東方文化裡，神明經常透過夢境傳遞指令或警示。無論是媽祖、觀音、土地公，許多民間信仰故事中都有神明入夢救人或傳達訊息的情節。夢境是一種神聖的介面，是人與天界溝通的管道。

而在西方，尤其是以佛洛伊德與榮格為主的心理學傳統中，夢中的神明多被視為潛意識的象徵，是自我投射的一種具象形象。例如夢見天使，可能象徵一種內在的道德召喚；夢見上帝，可能是對父親形象的再詮釋。

這種「行動性 vs 象徵性」的差異，使得東方人在解讀神明夢時傾向從「現實應對」的角度出發，而西方則更傾向從「內在轉化」來理解。

夢是神意的傳遞管道

在許多古代夢書與民間信仰中，夢被視為神明「傳意」的手段。夢中所見之神，可能是城隍、灶君，也可能是觀音、媽祖，不同神祇的出現，往往對應著不同類型的訊息與指引。當人夢見神明垂示、訓誨、警告、護佑時，這些內容常被解釋為「上界干預」，是對人間秩序的微調與矯正。

這樣的夢境，是一種文化上被允許、被認可，甚至被鼓勵的感應體驗。人們會因夢中所見而改變行動，例如還願、祭拜、修德、避忌，甚至大動作建廟或遠行。夢境所帶來的「神意」，成為倫理實踐與命運判斷的依據，這在許多歷史文獻與民間傳說中屢見不鮮。

不僅如此，占夢之術也由此而生。與西方心理分析的釋夢不同，東方的占夢強調符號對應與象徵比對。夢見蛇，可能意味著將轉運或遇小

人；夢見神祇發怒，則需自省德行。夢被放置在一個完整的宇宙符號體系中，其解釋邏輯常與五行、陰陽、時辰、祖德等概念交織，使夢的解釋成為一種「系統化預警工具」。

儀式性夢境與召神入夢

在道教與民間宗教中，亦有以儀式引導夢境的方法，例如齋戒沐浴、夜宿聖壇、靜坐誦經等，皆被視為召請夢神的方式。夢不僅是夜裡的訪客，更是儀式的一部分，是可以被祈求、被引導的聖言管道。這樣的觀念鞏固了夢在信仰生活中的地位，使夢成為人神關係中不可或缺的一環。

與此同時，神明夢也被用來評價個體的德行與修為。夢中若得神祇撫慰、指引，常被認為是累積善行的結果；若夢見神明面露怒容，則可能象徵道德缺失或某種禁忌被觸犯。夢境因此成為一種行為回饋系統，協助人重新校準自身的位置與方向。

夢與地方信仰的共構關係

在臺灣、日本、韓國等以祖靈信仰與地方守護神為核心的文化圈中，夢中的神明往往不僅反映主流宗教人物，也深深結合當地風俗與傳說。媽祖、土地公、王爺、十八羅漢等神明形象在夢中的頻繁出現，不僅提供庇佑的訊息，也成為地方宗教與集體記憶交織的結果。人們透過夢境與地方信仰建立連結，而信仰本身也因夢的傳播而持續被強化。

夢的文化效力與社會認可機制

夢能夠發揮效果，除了個人信仰之外，更依賴社群的文化認可。若一個人夢見神明，單靠自身解釋常難以確認意義，往往需要透過家人、

第七章　神明與靈界：夢中「超自然」的文化對話

長輩、寺廟、道士等中介機制協助釋義。在這個過程中，夢的意義不再是個人內心的獨白，而是社會系統中的協商結果。這種文化運作模式，使夢成為信仰傳承與宗教實踐的重要環節。

在東方的世界觀裡，夢境裡的神明，是文化與信仰共同塑造的超自然代理者，祂們不只住在廟宇，也棲息於夢者的心中。夢，是通往神性的隱密門徑，也是凡人在沉睡中與天地對話的語言。

第二節　西方如何看「神出現在夢中」？

神出現於夢中的心理性與象徵性假設

東方神明的夢通常具備三種作用：第一是庇佑，例如告知危難並給予化解之法；第二是指引，例如提供人生方向或重要抉擇建議；第三是懲戒，例如對犯戒者予以夢中警示。

西方雖也有宗教夢，但在非宗教文脈下，這些夢的「神明」多半轉化為「權威象徵」，例如夢中的老師、法官、國王等角色。榮格稱這些角色為「原型」（archetype），代表的是集體潛意識中的文化母體。

從佛洛伊德的投射理論到內在父權象徵

在精神分析體系中，神的出現常被理解為潛意識中「超我」或權威形象的投射。夢中的神，可能散發著光芒、說著真理，也可能充滿威嚇、懲罰意味——這些內容，被認為來自童年經驗中對父母的理想化與畏懼交織，成為心靈結構裡內化權威的象徵形式。

佛洛伊德認為，神祇的夢象本質上是被壓抑的欲望或衝突轉化而來，是精神生活中未被語言說出的部分藉由象徵形式出現。在這個意義上，「神明夢」是自我的變形投影，是欲望的自我編碼。

榮格的原型論與集體潛意識視角

榮格的詮釋相較之下更為整合。他認為夢中神祇的出現，反映的不只是個體經驗，而是全人類共通的心理結構——集體潛意識中的原型。神是「自性」的象徵，是內在統合的指引者。

199

第七章　神明與靈界：夢中「超自然」的文化對話

榮格筆下的神，是一種內在結構性的引導力量。祂可能以長者、智者、光之使者等形式出現，甚至可能與夢者展開對話、提供建議或啟示。這些夢境常伴隨轉化感與人生重要抉擇的浮現，在臨床經驗中，常被記錄為治療轉捩點之一。

現代研究中的信仰程度與神祇夢象頻率

儘管現代心理學較少承認神祇為真實存在，但仍有許多研究探討宗教信仰與夢象之間的關連。信仰程度高者，確實較常報告夢見神明、天使或光體等圖像。這類夢象通常被個體詮釋為生命中某種「召喚」或「確認」，並強化其宗教信念與行為實踐。

然而，在非宗教者中，類似夢象仍可能出現，但其詮釋邏輯常轉向「內在召喚」、「潛能顯化」、「自我整合」等心理語彙。這顯示即使同樣的圖像，在不同文化與信仰系統下，也會產生完全不同的心理回應與行動結果。

神夢的功能性：內在秩序與存在意義的補位

在當代心理治療脈絡中，神祇夢常被視為一種「整合夢」或「象徵性高峰經驗」。這些夢在特定人生階段出現，如面對重大抉擇、情緒崩潰、價值迷失時，神明的形象扮演了穩定系統、重建秩序的角色。

心理師可能不會將這些夢解讀為「神來託夢」，但卻會肯定其治療性價值與象徵性功能。神祇的出現，不在於其是否真實，而在於它是否為夢者提供了支持與信心的再建基礎。

在心理治療與夢研究的紀錄中，有不少個案報告曾夢見「神明形象」，並因此產生生活行為或價值觀的劇烈轉變。一位中年女性在失婚後

夢見一位白衣老人牽她越過湍流，醒來後決定離開長期壓抑的工作，展開獨立生活；一位年輕男子在病重時夢見一束巨大光芒，感覺被接納、被原諒，從而與疏遠多年的父親重修舊好。

這些夢的內容雖然神祕難解，但其後續行動的力量，卻是可以實證的。心理學不需證明神是否存在，卻能證明「夢中的神」具有行動價值與轉化潛能。

西方神夢觀與東方的根本分野

相對於東方將夢中神明視為天命、祖靈或儀式召喚的顯化，西方的主流心理系統傾向將其視為個體內在力量的顯現。神明不再是外在命令者，而是內在秩序的化身，是自我治癒的催化劑。

這樣的文化假設，使得西方解夢強調個體性、象徵性與心理功能。夢者是參與意義重建的創作者。

神祇夢的核心意義：一種內在他者的出現

在西方心理學視角下，夢中的神不再只是宗教的產物，而是一種「內在他者」的出現。這個他者既是夢者的潛意識，也是夢者尚未整合的另一面。祂既陌生又熟悉，既高於日常又深植內心，成為夢中最具轉化力量的存在。

神的形象提供了一種心靈向上的梯道，也提供了一種「允許轉變」的象徵許可。無論神是否真實，祂確實出現在許多關鍵夢境中，並在夢者醒來之後留下可追蹤的軌跡，影響其決定、情緒與價值觀。這正是神夢最深遠的功能性證明。

第七章　神明與靈界：夢中「超自然」的文化對話

第三節　祖靈、冤魂與來報夢：東方處理方式

夢中的亡者從未離開：祖靈觀念的日常性

在東方文化中，夢見已故之人是一種再平常不過的現象。這些夢並不被單純視為懷舊、哀思或情緒殘影，而是祖靈主動來訪的具體行動。無論夢者是否信仰特定宗教，只要文化背景深植於儒家祖先崇拜、道教陰陽觀與佛教因果輪迴的結合之中，亡者的出現便帶有不可忽視的意涵。

祖靈夢的常見場景包括：夢見祖先端坐於家中廳堂、喃喃言語、索求物品，或面色憂鬱地凝視夢者。這些影像在現實中無從驗證，卻在集體文化記憶中具有高度象徵意義。夢中的祖先不僅是亡靈，更是道德與秩序的代理者，是監督後人行為、維護家族福祉的無形存在。

來報夢的社會意義與儀式動力

當亡者在夢中表現出不安、怒氣或悲傷，往往被解釋為來「報夢」。這是一種帶有社會功能的訴求形式。夢者通常會將此視為祖靈有求未應、墳墓失修、香火斷絕，或生前冤屈未雪，從而啟動一系列補救措施，如焚香燒紙、誦經祈福、修墓祭拜、請道士作法等。

在這個過程中，夢不再是單一事件，而是一種祖靈、個人與社群三方互動的觸發器。它協助活人與死者之間維持倫理平衡，也強化了家族成員對宗親責任與祭祀義務的認同與承接。這種夢的制度性功能，使得亡者夢成為東方社會治理結構中「柔性權力」的一環。

冤魂夢與善惡報應的心理邏輯

與祖靈夢相對的是冤魂夢。夢者夢見非親非故之亡者，或夢中情境充滿血腥恐怖、詭異哭泣，常被解釋為冤魂出現，向夢者示警或求助。這些夢不僅喚起強烈情緒反應，也往往牽動更深層的道德反思與行動抉擇。

冤魂夢通常發生於夢者或其家庭與過往事件有所關連之時，如參與過冤案、觸犯禁忌，或不慎擾動亡者棲地。夢者被召喚去修補某種被打破的平衡，而這種修補需透過整個儀式系統的支持來完成其文化正當性。

夢與宗教處理機制：從解夢到超渡

當祖靈或冤魂透過夢境出現，個體無法獨力承擔其訊息解釋與行動轉化，因此宗教專業者的角色便顯得格外重要。道士、法師、喇嘛、和尚等成為夢境的「翻譯者」與「行動代理人」，協助夢者理解亡者所託，並透過儀式讓夢的訴求得以落實於現實。

在這類儀式中，夢被視為「跨界通訊」的中介形式。儀式如誦經超渡、焚燒替身紙人、重辦頭七等，皆為夢境中所傳達意圖的具象化過程。這些儀式的社會功能，不僅在於安撫亡靈，也在於修補生者的道德責任與心理平衡。

報夢與東方倫理結構的互為建構

值得注意的是，夢中亡者的出現幾乎總被賦予「合理原因」。很少有人會將祖先夢視為無意義的記憶激活，反而傾向積極尋求其指涉對象與潛在後果。這種文化習慣說明，東方人理解夢的方式是倫理導向的，重在「行為是否得當」、「是否對祖先有所虧欠」、「是否需盡某種義務」等問題。

第七章　神明與靈界：夢中「超自然」的文化對話

　　因此，「報夢」其實是一套高度制度化的倫理回應機制。透過夢，祖靈可重新介入現世，而夢者則被提醒自己在家族、社會與宇宙秩序中的角色與位置。夢是倫理系統中不可或缺的補丁，維繫著一種跨世代的情感與責任連結。

日常生活中的夢回應實踐

　　在當代社會，報夢的文化依然活躍。無論是在鄉村廟宇、城市公寓、移民社群中，只要夢見亡者仍常被認真對待。許多人會主動前往宮廟解夢，或將夢中亡者話語告知家族討論，甚至形成某種共同的處理決議。

　　這樣的現象說明，儘管現代社會日益重視科學與理性，對亡靈的尊重與夢境的信任仍具有頑強生命力。夢中的祖先與冤魂，未曾因時代更替而消失，反而以一種更細膩、更滲透的方式，繼續塑造著個人與家族的行動決策。

　　最終，祖靈與冤魂夢不只是宗教現象，更是一種文化深層的倫理模型。在這個模型裡，亡者是秩序與情感的潛在調節者。他們透過夢境返回生活現場，是為了提醒與召喚。

　　夢境成為活人與亡靈之間的柔性協議，使死亡不成終結。這種夢的倫理強度與文化能量，正是東方處理死亡與記憶的獨特方式。

第四節　西方精神分析如何解釋夢中宗教象徵

宗教象徵不等於信仰內容：精神分析的基本出發點

在精神分析的視野中，夢中的宗教象徵並不被視為上帝、神祇或靈體真實介入夢境的證據，而是個體內在心理動能的象徵性產物。神、天使、光明、祭壇等意象，在這套理論體系中被還原為心理結構的符號化顯現——它們來自於人心。

從十九世紀末以來，精神分析學派不僅開創了潛意識與夢之間的深層連結，更大幅改寫了宗教經驗的心理定位。夢中的宗教象徵，被視為一種情緒壓力的緩衝裝置、身分整合的輔助工具，或童年經驗重組的象徵舞臺。也就是說，這些象徵是情緒密碼與心理運作的隱性語言。

佛洛伊德眼中的宗教象徵：壓抑與轉化的產物

佛洛伊德對宗教向來懷有批判態度。他將宗教看作是人類集體的神經症，而夢中的宗教象徵，也往往被他解釋為壓抑欲望的變形出口。在夢裡出現的十字架、審判者、光輝人物、天堂場景，通常與罪感、父權投射、性壓抑等主題有關。

在他的理論中，神不是「信仰的對象」，而是「內化的權威形象」。夢者面對神明，是在回應童年對父母、特別是父親那種混合敬畏與依附的情感。宗教夢因此成為一種無意識欲望的安全出口——既有象徵性，也具有自我安撫與控制功能。

第七章　神明與靈界：夢中「超自然」的文化對話

榮格對宗教夢象的重新定位：集體潛意識的神性語言

榮格則以不同的態度看待夢中的宗教象徵。他將神祇視為集體潛意識中原型的具象顯現。宗教象徵是一種普遍存在於人類心靈中的深層語彙，是人類與自我、宇宙與秩序之間互動的自然媒介。

在榮格的架構下，神性象徵往往與夢者生命階段轉折、心理重組或整合歷程相關。例如夢見光體、圓環、聖母、創世神話等，常被視為自性（Self）召喚的徵兆，是夢者正處於內在重塑與靈魂統合的關鍵時期。這些象徵不只來自個人經驗，更是文化記憶與人類心理演化的遺緒。

精神分析與夢的語法：象徵如何被解碼

在實際分析過程中，夢的象徵會透過自由聯想、自我敘說與分析者詮釋三個層次逐漸揭露其意涵。例如夢者夢見自己在一座教堂內被審判，這可能與道德焦慮有關，也可能與家庭中某種嚴苛價值觀相關。

透過這種分析，夢中的宗教象徵被視為內心衝突、身分發展、創傷記憶的象徵舞臺。每一個宗教圖像，從光芒到頹廢祭壇，從聖人到墮落之神，都是心理內容的變形呈現。

宗教象徵經常出現在人格統合過程中。榮格認為，人在遭遇內心撕裂與價值崩潰時，會夢見神性圖騰作為安定與統整的象徵中心。例如，一名個案在長期焦慮與職涯混亂後，夢見一位白衣老人引導他穿越黑暗森林，這樣的形象被解釋為「智者原型」的出現，象徵內在指引力量已準備引導其走向重建。

這樣的夢境雖無預言性質，卻帶有深刻的治療意涵。神祇成為整合破碎自我的內在象徵。這種夢的功能，遠離外部宗教體制，轉而成為心靈秩序重建的象徵起點。

第四節　西方精神分析如何解釋夢中宗教象徵

當代精神分析中的宗教圖像：不再拒絕神性語言

雖然早期精神分析有時將宗教象徵與病理相連，但當代的精神分析家開始重估宗教象徵在夢中的角色。他們不再執著於神是否存在的問題，而轉向思考：為何神祇如此常在危機時刻浮現於夢中？為何那些帶有宗教意象的夢境能觸動人心最深處？

這種態度轉變，讓現代精神分析開始與存在主義心理學、靈性治療觀點對話。宗教象徵在夢中成為重整認同與價值感的關鍵演出者。

精神分析對夢中宗教象徵的根本態度在於：不問神是否真實存在，而是探討這些象徵如何在心理層面發揮意義。對夢者而言，光是否來自天國並不重要，重要的是它在夢中帶來的溫暖、安全與希望。

這種觀點賦予夢境高度的主觀意義，也為宗教經驗提供了心理學的詮釋空間。宗教象徵是個體情緒處理、自我認同重建與創傷回復過程中不可或缺的象徵資源。

夢中的神性來自人心深處

總結來看，西方精神分析認為夢中的宗教象徵自人心深處、由生命經驗編碼而成，藉由夢的舞臺演出來。這些象徵既有文化根源，也有個體意義，是人類內在神性尋求秩序、意義與療癒的一種自然展現。

夢境讓這些象徵在意識與潛意識之間來回穿梭，成為心理重整的媒介。神祇在夢中安靜地陪伴人穿越黑暗、撿拾碎片、走向統整。

第七章　神明與靈界：夢中「超自然」的文化對話

第五節　靈魂出竅或意識分離？文化對照案例

夢中的離體經驗：現象描述與文化共鳴

許多夢者在敘述夢境時會提到「自己從空中俯視自己的身體」、「感覺到身體躺著，但意識在漂浮」、「飛出房間、穿越牆壁或進入陌生空間」等現象。這些經驗常被統稱為「靈魂出竅」或「離體夢」，在現代心理學語境中也被歸類為「解離狀態」的一種表現。但這類夢境是否真能視為靈魂出遊？抑或只是腦部特定機制啟動下的知覺錯位？東西方對此的理解各異。

東方的靈魂離體觀：陰陽界行走的夢中旅人

在東方文化中，夢被認為是靈魂暫時脫離肉體、自由遊歷於陰陽兩界的狀態。這一觀念根植於陰陽五行與靈魂二元論之中，認為人體由魂與魄組成，睡夢之時魂魄可能暫時分離，前往異界探訪神明、祖先，或進入未知境地。此種思想不僅見於民間信仰，也可在古代醫書與夢書中找到具體記載。

夢即是魂之所遊之境。在這樣的邏輯下，夢者若在夢中飛翔、進出古墓、見祖靈、歷劫難、渡黑河，皆被視為靈魂經歷了超越肉身限制的歷程。這些夢境在道教與民間宗教中更是與神遊、附體等靈驗經驗連結，被視為「特殊體質者」之證據。

西方的解離經驗與清醒夢研究

相對於東方將離體夢視為靈魂出遊，西方心理學更傾向於以「解離現象」來解釋這種經驗。根據研究，所謂「離體夢」可能是清醒夢（Lucid

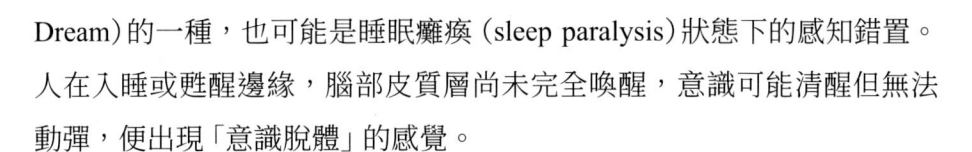

第五節　靈魂出竅或意識分離？文化對照案例

Dream)的一種，也可能是睡眠癱瘓（sleep paralysis）狀態下的感知錯置。人在入睡或甦醒邊緣，腦部皮質層尚未完全喚醒，意識可能清醒但無法動彈，便出現「意識脫體」的感覺。

部分神經科學家認為，這些經驗與顳葉活動異常、腦幹網狀系統的不對稱運作有關。也有心理學家指出，曾經歷創傷或焦慮的個體，較常在夢中出現解離式的浮離感，作為自我保護與逃避的一種潛意識策略。此類夢是一種內部壓力調節的神經現象。

案例一：臺灣道士的夜遊夢與法壇解釋

某位在臺南服務的資深道士表示，自己年輕時常夢見自己飄出屋外、飛越雲端、在夜空中被一道光引導進入一座陌生山林。每次夢醒後，他都能描述夢中所見的路線與景物，甚至與實地地貌重合。後來他將此現象視為「元神夜遊」，並在成為道士後藉由夢境進行指引修煉與預判香客命運。

這類經驗在東方宗教實踐中屢見不鮮，被視為神明鍛鍊或招納之徵兆。離體夢的經驗，不僅個人主觀感受強烈，更獲得宗教體系的結構性詮釋與儀式支援。

案例二：美國創傷治療個案中的飛行夢與重塑歷程

一位美國女性創傷倖存者在接受心理治療過程中，多次夢見自己以鳥的視角觀看童年家屋，並在夢中感到極大自由與釋放。她告訴治療師：「我終於能不再在那棟房子裡受困了。」這樣的夢境，被視為其在潛意識中擺脫創傷壓力、重塑自我疆界的一種象徵。

治療師協助她將這些離體夢與童年失控經驗相連結，重新建構其對

第七章　神明與靈界：夢中「超自然」的文化對話

過去與現在的掌控感。在此脈絡下，離體夢反而成為心理修復與生命主權重建的積極手段。

東西夢觀的分野：靈性驗證與心理修復

從文化角度看，東方傾向於將離體夢視為靈魂的真實運動，是心靈與神祇互動的體現，而西方則更強調這是一種神經心理現象，是意識狀態在特定條件下的知覺表現。前者賦予夢境神聖性與儀式意義，後者則賦予其診斷與治療價值。

這種分野展現兩種知識系統對「真實」的不同理解邏輯。在東方，離體夢需要透過廟宇、道長、儀式來驗證其意義；在西方，則透過回溯、敘事與心理統整來理解其功用。夢境於是成為一個跨文化、多層次的詮釋場域。

如何詮釋「靈魂出竅」才是關鍵

最終，靈魂是否真的出竅，或是否真有「夢中旅行」，並非夢的核心。重點在於：夢者如何經歷它？文化如何詮釋它？社會是否容許它？宗教是否建構它？

離體夢是一種極端形式的「意識邊界擴張經驗」，它讓夢者短暫地離開熟悉自我，進入一個模糊卻深刻的空間。在那裡，夢者看見自己、穿越他者、感受神明、重組記憶。無論其本質為何，這類夢境都提供了深刻而稀有的心理與文化素材，是解夢文化中不可或缺的一環。

第六節　宗教場所與符號在夢中的意義

神聖空間為何總出現在夢裡？

夢境中反覆出現的宗教場所——如寺廟、神殿、祭壇、教堂、高塔、洞穴、迴廊、聖壇——往往具有鮮明的象徵功能與情緒張力。這些空間通常伴隨神祕光線、莊嚴氣息或某種神聖氣場，使夢者自然進入一種半信仰、半懼怕的感受狀態。

在許多文化中，宗教場所不僅是現實世界的聖地，也是人類集體潛意識中的神聖地圖。夢境作為內在心理與文化想像的交界，極容易召喚這些空間成為自我對話、價值整合與意義生成的象徵舞臺。

東方夢中廟宇與道觀的文化意涵

在東方文化中，夢見寺廟或神明居所往往具有預示性與警示性。進入廟宇可能象徵接近神諭、得見天機，亦可能暗示現實中需修德行善、行禮如儀。民間解夢系統中，夢見拜拜、上香、入廟參拜等行為，多解為吉兆，代表有神明護佑、心願可成，也可能代表祖先有所託付。

然而若夢見廟宇殘破、香爐傾倒、神像背對、門戶閉鎖等，則常被解釋為靈性斷線或個人道德偏移的暗示。這些象徵與整體夢境氛圍、夢者當下生活狀態密切相關。廟宇在夢中不僅指涉宗教，更指涉秩序、關係、倫理與命運。

第七章　神明與靈界：夢中「超自然」的文化對話

西方夢中教堂與聖壇的象徵構造

在西方精神分析與象徵心理學中，夢見教堂、聖壇、祭臺、高塔等建築，常被視為一種「精神結構」的象徵。這些場所代表著自我與超我、自我與集體潛意識、自我與神性之間的連接點。

榮格指出，塔、洞穴、圓形建築等夢象經常在個體化過程中出現，它們代表心靈中「整體性」、「神聖中心」或「通往高階意識」的通道。夢見進入一座空無一人的教堂，可能象徵正在尋求精神上的慰藉或內在導師；夢見自己跪在聖壇前，則可能反映潛意識中某種罪責感、祈願欲望或整合壓力。

這些夢象未必與夢者是否為宗教信仰者有關。換言之，夢中的教堂未必對應某座真實建築，而是人心中某個空間——一個可以安置希望、療癒、救贖與自我調節的象徵容器。

從入口到核心的精神旅程

夢中宗教場所的結構亦大有玄機。從外部進入神殿，穿越層層走廊、階梯、祭壇，往往象徵著心理歷程的層層深入。入口代表進入未知與願意面對，走廊代表過渡與探索，核心空間則代表神性、自我整合或無法言說的真理中心。

心理學家指出，若夢者在夢中不斷繞行宗教場所，卻無法進入聖殿中央，可能象徵其正在面對重要心理課題，但尚未準備好迎接轉變。反之，若夢中成功接近祭壇、與神對視、在光中沐浴，則常預示內在整合階段的完成或開始。

第六節　宗教場所與符號在夢中的意義

神像的姿態與狀態

除了場所之外，宗教夢中的神像亦具有重要意義。夢見神像微笑、注視、發光，通常代表肯定、祝福或療癒能量；若神像閉目、背對、破裂，則可能象徵拒絕、沉默或關係疏離。

這些夢象常以細微方式反映夢者與信仰、倫理、家庭、社會之間的關係張力。夢中神像是否在高位、是否可接近、是否說話、是否顯現動作，皆為可解碼的細節線索。

宗教場所作為心理轉化空間的功能性

在夢的結構中，宗教空間往往扮演「轉化中介」的角色。夢者進入神聖空間，就像是潛意識邀請其面對內在困境與轉機。這種空間的「非日常性」特質，使得其中出現的事件被賦予更高解釋空間。

例如夢見在神殿中與祖先對話、與神明爭辯、獲得某種啟示，常成為夢者醒後啟動改變行為、修補關係、重構價值的轉捩點。宗教空間提供的是一種象徵上的授權，使夢者可以在心理上進行「非現實但具真實效果」的敘事。

跨文化對比中的共性與差異

雖然東西方宗教場所的建築形式、神像風格與信仰對象各有不同，但是夢中的宗教空間普遍具備三項功能：作為超越界線的標記、作為心理投射的容器、作為轉化儀式的舞臺。

東方夢中的寺廟偏重於倫理秩序、祖先感應與神明指示，西方夢中的聖殿則傾向於精神尋求、自我療癒與整合動能。這種差異反映出兩種文化對神聖性來源與功能的根本性認知差異。

第七章　神明與靈界：夢中「超自然」的文化對話

　　無論出現於何種文化背景，夢中的宗教場所皆反映出人對超越性、穩定性與意義感的渴望。它們並不總是對應現實中的廟宇或教堂，而是心靈對秩序與歸屬的象徵重構。夢者進入這些場所，也是走入自身最深層的價值結構。

　　宗教場所之所以在夢中出現，正是因為它們內含高度整合功能，是人心用以對抗混亂、尋求安定、回應內在召喚的空間圖像。

第七節　啟示夢與召喚夢：神聖介入的條件比較

啟示夢與召喚夢的基本區分

在夢境中，部分場景與事件常被夢者直覺地歸類為「神聖介入」的經驗，其中尤以「啟示夢」與「召喚夢」最具代表性。前者強調的是神靈、祖靈或某種超越力量主動向夢者傳遞訊息，如預言、指令、警示；後者則更接近某種神祕性的徵召或牽引，夢者彷彿被帶往一個任務現場、歷經一次轉化，或被指派某種宗教性角色與行動。

兩者在內在感受、象徵圖像與文化後設上皆有不同。啟示夢多以言語、畫面、神像現身的方式出現，讓夢者在醒後有明確的指涉內容；而召喚夢則強調過程性與情境性，可能是一場旅程、一個儀式、一段測試，夢者常無法用單一語言還原其完整意義，但卻清晰感知其生命被「觸動」與「選中」。

東方啟示夢的象徵語法與實踐回應

在東方傳統中，啟示夢常見於民間信仰與宗教修行之中。廟宇中擔任神職的乩童、道士、和尚、祭師等人，往往自述曾在夢中接受神明啟示，包括神名啟告、靈符託示、經文傳授，甚至直接告知使命或神明的降駕時間。這些夢境不只是個人經驗，更構成整個宗教實踐的合法性來源之一。

一般信眾亦可能在特定時刻夢見神祇說話、贈物、點化，或祖先託夢指引家族事務。這些夢象若能與現實事件對應或驗證，常被視為「靈驗」的證據，也進一步強化了夢者與神靈的連結。啟示夢因此成為宗教與命理文化中，連結天命與行動的鑰匙。

第七章　神明與靈界：夢中「超自然」的文化對話

西方宗教夢中「召喚」概念的心理深化

在西方語境中,「召喚」一詞具神學與心理雙重意涵。神學上,召喚（Calling）是上帝對人靈魂的徵召,是通往使命與真理的開端;而在心理學與存在主義分析中,召喚夢常象徵個體在生命轉折點上的內在召喚,意指潛意識正推動夢者進入某個更高階的生命位置與意義探索。

這類夢境不一定呈現宗教符號,卻可能有極高的象徵濃度與情緒強度。例如夢者在荒野中遇見無聲的光體、進入一場宗教儀式但無人言語,或僅僅是感受到「自己被選中」,這些夢通常無清晰語言線索,卻在醒後伴隨深刻情緒餘韻與價值重整的欲望。

文化條件與夢的可介入性：誰能被選中？

無論東方或西方,夢中神聖介入的發生並非隨機,而往往與夢者的信仰結構、宗教背景、生命情境與文化期望緊密相關。信仰者、修行者、長期處於道德張力或靈性追尋狀態中的人,較易有明確的啟示夢與召喚夢經驗。

此外,在重大變故或心理危機期間,夢者也較常進入這類夢境。死亡、喪親、疾病、轉職、婚變、信仰轉向等事件,都可能成為夢中「神聖角色」出現的引子。這些夢的出現往往不單指向外部改變,更揭示內在秩序的需求重建與價值架構的鬆動重組。

宗教體系與夢的認可制度：神夢如何獲得信任？

一則啟示夢或召喚夢能否進入公共領域,關鍵在於宗教社群是否提供解釋與認可的制度架構。在東方,透過宮廟、師父、籤詩、解夢儀式等機制,夢者能將個人經驗轉化為集體知識;在西方,則可能經由神父、

牧師、神學團體、心理治療者等進行詮釋與辨識。

這些制度使得夢成為具有社會功能與行動授權的神祕介面。某些宗教更會以夢為起點，建立新的信仰行為，例如創建神壇、從事傳教、展開贖罪行動等。啟示夢因此可被視為一種信仰行動的催化結構。

召喚夢的轉化強度與內在劇場效應

相較於啟示夢的清晰性，召喚夢常帶有高度象徵性與模糊性，但其影響力卻不容忽視。夢者往往在這類夢境中經歷一種「角色轉換」的儀式感：如穿戴新衣、踏上旅程、被命名、面對試煉、接受傳承。

這些象徵意象往往被心理學家視為「內在轉化劇場」的演出，是夢者潛意識面對生命轉型的準備階段。它們不像啟示夢那般「給答案」，但提供了大量情緒與象徵資源，為夢者往後的信念重構與身分再造提供深層動能。

啟示與召喚之間，是夢者的回應能力

無論是啟示夢還是召喚夢，其真實性常難以被立即驗證，故而許多宗教文化強調「驗夢」的必要。若夢中所啟內容在現實中逐步發生、若夢者行為因夢境而改變、若整個人狀態出現明顯正向轉化，則夢境的價值被肯定。

從心理學觀點來看，夢境的價值在於是否能引發轉變。神聖介入的夢若能促使夢者進行行動修正、自我覺察與價值重塑，則其意義即已完成。

啟示夢與召喚夢雖形式不同，但都假設一種「非我之語」正在呼喚個體進入不同的存在狀態。

神聖介入是一種互動：夢提供訊號，夢者選擇相信、回應、懷疑或遺忘。夢的意義就此誕生或消逝。

217

第七章　神明與靈界：夢中「超自然」的文化對話

　　這類夢境所構成的，是文化、心理與靈性三重結構交會之處。它們提醒我們，在每一次深夜的神祕圖像中，既可能是他者的聲音，也可能是自我深處的低語。

第八節　靈界夢與心理學的邊界爭議

靈界夢的描述與普遍性

在東方與部分新時代思想的語境中，「靈界夢」是一類相當常見也備受重視的夢境類型。夢者在夢中與亡靈對話、進入陰間或冥府、看見異界門戶、感應到無形存在，甚至在夢中被附身、牽引或干擾，這些都構成所謂「靈界經驗」。與啟示夢或宗教夢不同的是，靈界夢不一定含有明確的宗教象徵，而多聚焦在與靈體之間的情緒交纏、能量衝突或空間轉換。

這類夢境在民間信仰中通常會被視為祖靈託夢、冤魂來訪、神祇警示，甚至妖邪入侵的徵兆，並牽動一連串儀式處理流程。而在心理學語境中，靈界夢的地位則始終模糊不清，難以用簡單的象徵轉化加以解釋。

精神分析對靈界夢的模糊態度

在佛洛伊德與榮格的體系中，靈界夢很少被正面處理。佛洛伊德傾向將亡靈與冥界視象視為壓抑欲望的變形，特別是與死亡恐懼、潛在攻擊性、性壓力等主題有關。榮格則較可能從「陰影原型」與「集體潛意識中的神祕層面」來解釋這類夢境，將其視為自我整合過程中尚未被接納的成分顯影。

然而，無論哪一種詮釋架構，靈界夢始終難以被完全納入現代心理治療的標準語法中。它們既非純粹的潛意識象徵，也不完全符合創傷記憶、焦慮映像、日常殘餘等解釋模型，常成為夢分析中的「異類材料」。

第七章　神明與靈界：夢中「超自然」的文化對話

靈界夢的文化邊界與認知衝突

　　靈界夢的分析之所以棘手，部分原因在於文化詮釋系統與心理理論之間的張力。東方文化普遍允許「靈的存在」，靈界夢的經驗在家族、社群與宗教機構中具有高度合法性。相對地，西方心理學傳統多以「唯物理論」為基礎，傾向將靈異夢視為認知偏誤、情緒轉移或潛在精神病理表徵。

　　這種分歧導致同一夢境可能有著完全對立的回應：一位夢者描述夢中被冤魂勒頸，求助於心理諮商師，可能被建議進行創傷敘事與安全感重建；但若轉而求助於宮廟，則可能獲得祭解、安靈、超渡等儀式性處置。這兩種處理方式背後，皆有其文化合理性與實用邏輯，卻也因此難以互相說服。

從神祕經驗轉向神經機制

　　近年來，部分神經心理學研究試圖將靈界夢重新納入解釋體系中，視其為一種清醒夢（Lucid Dream）、解離經驗，或是 REM 期失調的產物。特別是在邊緣性人格、創傷後壓力症候群、強迫性思考等狀態中，靈界夢的出現頻率明顯升高，顯示這類夢境可能與某些心理結構的開放性與脆弱性有關。

　　然而，這種研究傾向將靈界夢還原為病理現象，仍難以解釋其高度象徵性、文化通約性與夢者所描述的「真實感」。很多夢者清楚區分「普通夢」與「靈界夢」的不同——後者有極強的情緒張力、極細膩的場景感與極鮮明的道德結構，常讓夢者在醒後數日甚至數週仍感印象深刻。

心理學能否處理「非心理」的夢？

這一問題成為當代夢研究的一大挑戰：當夢境中的對象不只是自我變形，而被夢者認定為「他者」——例如祖靈、冤魂、非人實體——心理學該如何處理這種「非心理化材料」？是否能在不違背學術實證精神的情況下，接納這些夢境的敘事邏輯與文化意義？

部分跨文化心理學與靈性心理學學者已嘗試建立折衷模型，主張夢境可被視為「情緒—象徵—文化三元交界」的產品，既不全然否定靈界經驗的文化功能，也不將其歸於病理。這種態度有助於建立「開放式詮釋空間」，允許夢者擁有多元語境的選擇權，而非強迫其納入某一單一心理語彙。

靈界夢作為療癒與重構記憶的中介

儘管靈界夢常被質疑其真實性，但在實務經驗中，它們卻能對夢者產生顯著影響。例如喪親者夢見亡者託夢道別，常被視為一種心理收尾機制，使情緒得以平復；被傷害者夢見加害者出現並懺悔，亦可能對創傷整合有所幫助。這些夢境未必改變客觀事實，卻能重組記憶結構與情緒反應，是心理修復過程中極具潛力的媒介。

這些現象顯示，靈界夢是否「真實」可能不是重點，重點在於其是否能作為情緒修復與認同重建的工具。從這個角度來看，靈界夢不必強行被納入某種科學化模型中，而應被理解為一種高階的心理符號行為。

爭議的核心是詮釋權而非經驗本身

靈界夢之所以成為爭議焦點，並不因為它比其他夢更怪異，而是因為它觸及了「誰有權詮釋夢」的問題。在現代社會中，心理專業、宗教體

第七章　神明與靈界：夢中「超自然」的文化對話

制、個人經驗、文化習俗這四個權力場域交錯運作，各自爭奪夢的解釋主導權。

夢者站在這些權力之間，有時獲得療癒，有時感到分裂。心理學若要處理靈界夢，不能僅靠知識模型，需建立一種「跨場域感受力」，允許夢者的經驗被多元理解。否則，夢的神祕性將永遠是科學理論的盲點，也將使夢者在文化與心理的夾縫中失語。

讓夢保有其神祕而不失其解釋可能

靈界夢不該被簡化為迷信、幻覺或病徵，它可能是人類心理活動中對「他者性」最具創造力的表現，也是文化與信仰中，最能穿透現實與無意識邊界的敘事方式。

心理學若能不再以邊界防禦的姿態面對靈界夢，而改以對話式思維建構開放模型，則夢的詮釋將不再是單線邏輯，而是一場跨越經驗、信仰與理論的共構行動。如此一來，夢便不只是心理的，也是靈性的、文化的、人性的。

第九節　信仰深度是否影響夢的內容？

有信仰的人，夢會不一樣嗎？

很多人會問：信仰越深，夢會越特別嗎？這個問題沒有絕對的答案，但從文化與心理觀察來看，信仰確實會影響我們夢的內容，尤其是夢的氛圍、象徵與詮釋方式。

一個長期信仰某種宗教的人，腦海中已經熟悉相關的語言與圖像。因此，他的夢中若出現神像、儀式、經文、聖地，這些並不奇怪，反而是心中信念的自然延伸。而且，這些夢境常會讓夢者感到安定、有方向，因為它們與自己的價值觀是一致的。

文化背景讓夢更有「神聖感」

信仰不只是一種習慣，也是一種文化語言。當我們從小生活在有祭祀、拜拜、禱告習慣的環境裡，夢中的象徵自然會出現這些熟悉的元素。例如，一位從小在宮廟成長的人，夢見神明開示是一件非常自然的事；而對一位基督徒來說，夢中出現耶穌或天使也會被視為靈性經驗。

這些夢的內容其實反映的是夢者「相信什麼」，而不是神靈特地只挑某些人顯現。夢是心理與文化混合的產物，信仰深度讓這些文化圖像更容易在夢裡被「喚起」。

信仰影響的是「解讀」，不是「夢境本身」

其實，有沒有信仰不一定會決定你會夢見什麼。但是信仰會影響你「怎麼看待」這些夢。舉例來說，一位無神論者夢見光芒四射的人物，可

第七章　神明與靈界：夢中「超自然」的文化對話

能覺得那是自己潛意識的投射；但一位佛教徒看到類似場景，可能會覺得是觀音菩薩的顯現。

兩者夢的內容可能很像，但感受與解讀方式大不同。信仰提供一種詮釋框架，讓人們可以用熟悉的語言來理解夢，也更容易從中找到力量。

精神寄託與夢的情感強度

信仰對很多人來說，是情感與心理上的依靠。在遇到人生困境時，信仰能提供希望與支撐。這種深層情感也會自然延伸到夢中，使夢的情緒更強烈。

例如，有人在失去親人後夢見親人被神明帶走，醒來後感覺安心；也有人在焦慮不安時夢見自己在寺廟裡獲得平靜，這些夢的出現與其信仰寄託密切相關。夢境成為他們和信仰之間的情感橋梁。

信仰是否讓夢更「準」？

有些人會說：「我很虔誠，所以夢都很靈驗。」這句話有它的文化背景。在一些信仰體系中，夢被視為神明或靈界傳訊的管道，信仰越深，被傳訊的機會似乎也越多。

但是從心理角度來看，這不一定真的是神選擇了誰，而是信仰者本身更注意這些夢，並且願意回應、記錄與行動。換句話說，信仰讓人「更敏感」於夢的訊息，也讓這些夢更容易產生影響力。

沒有信仰的人會怎麼夢？

沒有固定信仰的人也會做很多有意義的夢。這些夢可能更聚焦在生活事件、情緒反應與個人成長上，不一定有神明或靈界元素。但這並不

表示這些夢比較「淺」或「無效」。

事實上，很多沒有宗教信仰的人，在壓力或人生轉折期一樣會做出深刻的夢。例如夢見童年的自己、走不完的路、黑暗中的光等，這些夢同樣具備強大的心理意涵，只是用不同方式來表達。

信仰是夢的「濾鏡」

簡單來說，信仰像是一層濾鏡，讓我們用特定的方式來看夢。它會影響我們注意什麼、怎麼解釋，以及夢對我們產生多大影響。但夢的內容不完全被信仰控制，它也會反映我們內心深處的情緒、記憶與渴望。

因此，無論你信什麼或不信什麼，只要你願意聆聽夢境，它都能成為理解自己、照顧心靈的工具。夢從來都不是屬於某種信仰專有的語言，它是人類共通的心靈對話。

第七章　神明與靈界：夢中「超自然」的文化對話

第十節　超自然夢境的功能差異：指引 vs 整合

夢有沒有「功能」？

很多人對夢會有這樣的疑問：夢到底只是隨機的腦中活動，還是它其實有某些「功能」？特別是那些超自然的夢——夢見神明託夢、祖先顯靈、被帶到異世界、接收任務、聽到警告聲音——它們到底是來給予指引，還是只是潛意識在整理內心的東西？

其實，這兩種說法都對，只是從不同角度來看夢的用途：一種是「外向型」的，也就是夢是來幫你做決定、指方向的；另一種是「內向型」的，夢是幫你處理情緒、修補內在狀態的。這兩種功能不一定互相排斥，很多夢其實同時有這兩種作用。

指引型夢：給你方向的夢

我們常聽到有人說「夢到神明叫我不要去那個地方」、「夢裡祖先來警告說家裡要出事」，這類夢的特點是明確、具體，像是在給你某種訊息、勸你避開危險或抓住機會。在東方文化中，這類夢最常見，特別是在遇到重大抉擇、身體不適、家中發生變故時更容易出現。

這些夢通常會帶來強烈的情緒感，讓人醒來後印象深刻，甚至立刻採取行動。例如，有人夢到火災後決定檢查電線，結果真的避免了一場意外；也有人夢見神明要他轉換工作跑道，雖然當時不敢做決定，但是後來證明那個夢的確指引了他走向更適合的生活。

第十節　超自然夢境的功能差異：指引 vs 整合

整合型夢：幫你整理心裡的夢

另外一種夢，是我們常說的「整合型夢」。它可能沒有明確訊息，也沒有神明出現，但夢的場景讓你思考人生、釋放壓力、重新看見過去的自己。這些夢像是一種「心靈演練」，幫助你把散亂的情緒、回憶與渴望重新整理。

例如，你夢見和已故親人重逢，過程中沒有對話，但醒來後心裡感覺被撫慰了；或是夢見自己身處陌生的宗教儀式中，雖然不了解意義，卻感受到安全與平靜。這些夢並非用於「指點迷津」，而是默默幫助你修補內在的缺口。

一個夢，可能有兩種作用

有時候，一個夢不只能給你外在的訊息，也在幫你做內在的整合。比如你夢見神明責備你不夠努力，這也許提醒你該專注某件事，但也同時表達你可能正在面對焦慮、低自我價值感。神明在夢裡的形象，不只是指引，更是你內心渴望被鼓勵或肯定的象徵。

這就是夢的奇妙之處 ── 它不一定非得是「現實預測」，也不只是「內心反射」，而是兩者交織而成。超自然夢境的象徵與場景，往往能同時協助我們做決定，也療癒我們受傷的心。

為什麼我們需要這些夢？

在現實生活中，我們常常卡在無法說出口的問題、壓力或情緒裡。夢，特別是那些神祕又震撼的夢，給了我們一個「安全的空間」去接觸那些難以面對的問題。有時候，一個夢勝過十句安慰；一場靈界旅程，讓人突然就明白自己該怎麼走下去。

第七章　神明與靈界：夢中「超自然」的文化對話

在心理學上，夢被看作一種「自我調節系統」，讓我們的潛意識在夜裡處理白天沒能消化的情緒；而在信仰文化中，夢被當作「神諭管道」，接收上天、神明、祖靈的訊息。不論哪種說法，其實都指出同一件事：夢能幫我們活得更清楚、更安定。

怎麼知道自己的夢屬於哪一種？

你可以從兩個方向來看你的夢：

- 這個夢有沒有清楚的訊息？它是不是在「叫你做什麼」？
- 這個夢有沒有讓你情緒變化？醒來後有什麼感覺？

如果夢讓你決定了一件事，或讓你避免了危險，它很可能是「指引型夢」；如果夢讓你想起某個人、釋放了悲傷，或突然理解某段經歷，它更像是「整合型夢」。

但是你不用急著為夢境貼標籤，最重要的是，你有沒有「聽見」這個夢想說什麼、有沒有從中得到安慰或方向。

不論是來指引你，還是來療癒你，夢都有它的價值。夢本身沒有標準答案，它真正的力量，來自於我們願不願意停下來聽它說話。

第八章
夢如何說話？象徵的系統差異

第八章　夢如何說話？象徵的系統差異

第一節　什麼是夢的象徵語言？

夢，真的在「說話」嗎？

很多人做完夢會問：「這代表什麼？」這個問題，其實就是在問：「夢是在說話嗎？它在用什麼方式傳達訊息？」雖然夢不會用我們平常說的語言，但它有自己的方式傳達意思。這種方式，我們可以稱作「象徵語言」。

夢裡出現的東西看起來只是畫面，但其實都像是夢的語言單字，用圖像、感覺、情境來表達我們的內心狀態。這就像我們聽音樂會感動、看到一幅畫會有想法一樣，夢的「話」是靠象徵來完成的。

象徵語言和我們平常講的語言有什麼不同？

一般語言是直接的，我說「我生氣了」，你就知道我情緒不好。但夢的語言是間接的。它可能用「夢見一隻困獸在籠中掙扎」來表達我心裡的怒氣，或用「一座壞掉的電梯上下不定」來呈現我面對生活的不安。

象徵語言是一種「比喻式」的表達方式。它不直接告訴你答案，但會讓你聯想、思考、感覺，讓你靠近自己的潛意識。這就是為什麼很多時候，我們做的夢好像很怪、很不合理，但是如果慢慢想，就會發現其實很貼近當下的自己。

為什麼夢要用象徵來說話？

夢之所以不直接講話，是因為它來自我們的潛意識。潛意識不是理性說話的地方，而是感覺、記憶、渴望和恐懼混在一起的地方。它不喜歡邏輯，但很會「畫畫」，也很擅長用情境來演出我們的內在衝突。

再者，象徵語言可以跨越文化、性別、年齡的限制。例如，全世界很多人夢見「飛翔」時都會覺得自由，夢見「迷路」會感到焦慮。這些共通感受讓夢的語言變得像一種「心靈通用語」，不需要文字也能溝通。

夢象徵有哪些常見特徵？

夢的象徵通常具備這些特徵：

・不直接說明：夢不會明白告訴你「你現在很焦慮」，而會讓你夢到洪水或漏水。

・多層意思：同樣一個夢象可能有很多解釋，例如蛇可以是危險，也可以是重生。

・情緒連結強：象徵常常會勾起強烈情緒，讓你醒來後印象深刻。

・和你有關：夢的象徵和你的個人經驗、文化背景有關，不一定有固定答案。

這些特徵讓夢的象徵既神祕又有深度。它像是一種只屬於你的內在語言，需要你自己來翻譯。

夢的象徵都是有意義的嗎？

不一定所有夢境都深奧難懂，有些夢可能只是日常記憶的殘影，例如你看了電影《侏儸紀公園》(*Jurassic Park*)後夢見恐龍，也許只是大腦在「整理資料」。但有些夢出現的畫面會讓你反覆思考、情緒牽動，這種夢更可能是在傳達重要訊息。

換句話說，不是每一個夢都需要被「解」，但是那些讓你特別有感覺的夢，通常都值得多看一眼。

第八章　夢如何說話？象徵的系統差異

> 象徵語言可以學嗎？

可以，但是它不像英語、法語那樣有明確的文法。學習夢的象徵語言，比較像學習一種「聆聽自己感覺」的能力。你可以先從了解常見的象徵意義開始，例如：

- 水：情緒、潛意識、母性
- 火：憤怒、熱情、毀滅或轉化
- 房子：自我、安全感、家庭
- 動物：本能、潛在衝動、性格

但這些都只是一種參考，真正準確的解釋，還是要根據你的個人經驗來判斷。你個人平時怎麼看待「狗」或「廟」，會比書上寫什麼來得更重要。

學會聽懂夢的象徵語言，不只是為了解夢，更是為了更理解自己。當你開始注意夢的細節、畫面與感覺，你也開始建立一種新的自我溝通方式，而這正是夢境真正想帶給你的禮物。

第二節　東方：象徵來自陰陽五行、民俗與自然觀

為什麼東方的夢特別重視自然與陰陽？

在東方文化中，夢境象徵的理解，並不是從心理出發，而是從自然與宇宙的秩序來看。人們相信夢不是單純的內心活動，而是「天地人感應」的一部分。這種看法深深影響了夢象的詮釋方式。

所以你會發現，東方夢境中常出現像是火、水、山、雷、蛇、虎、龍這些自然元素或動物，它們是代表著某種陰陽、五行或氣場的表現。

陰陽五行怎麼影響夢象？

在東方傳統觀念中，世界由五種基本元素構成：木、火、土、金、水。這些元素彼此相生相剋，就像宇宙的呼吸一樣互相制衡。

夢中如果出現某一個元素過多，或出現相剋的組合，就會被認為象徵著人生某個方面的失衡。例如夢見洪水淹沒房子，可能被解釋為「水太旺」壓過了「土」，暗示家庭不穩、健康受損或情緒泛濫。

這種解夢方式，是從自然法則去理解，夢是對生活狀態的「反射」，而自然象徵則是解夢的「工具」。

民俗信仰：夢和現實的預告系統

除了五行，民間信仰對夢也有豐富詮釋。例如夢見牙齒掉了，會被認為家中長輩要生病；夢見蛇纏腳，表示有爛桃花；夢見去世親人，表示他們有事託付。

第八章　夢如何說話？象徵的系統差異

這些象徵意義雖然沒有心理科學依據，但它們的力量在於「流傳久遠」。因為社會中很多人這樣解釋，夢者也自然朝這個方向去理解與反應，於是形成一套集體文化的「夢語典」。

在古代，帝王會設置專門的「夢占官」，以夢判斷國運；民間百姓也會依靠夢來預測婚姻、考運、生病、懷孕等。這都說明夢不只是個人經驗，更是社會事件的參與者。

自然界的符號是怎麼變成夢象的？

東方文化中，很多夢象都來自自然現象。例如：

- 打雷：被視為天神發怒，也可能象徵突發的警告
- 雨水：象徵滋養、憂傷、淨化，也可能代表懷孕
- 山：代表靠山、穩定、障礙

人們用這些自然現象對應人生事件，是因為相信「天人合一」：天象反映人事，夢境也跟著天氣、時節、地氣有關。夢不只是單純發生在腦袋裡的事，而是整個宇宙在跟你說的話。

這樣的象徵系統，雖然和心理學的出發點不同，但有著高度的一致性和文化邏輯。

東方夢象是天地、社會與身體的映照

東方的夢象徵，讓夢成為了一面鏡子，反映的不只是個人情緒，也可能是陰陽失衡、五行錯亂、祖先要說的話等。這樣的夢語言看起來神祕，卻其實建立在一套完整的自然邏輯和文化傳統上。

學會理解這些象徵，用另一種方式去傾聽天地萬物與我們之間的連結。

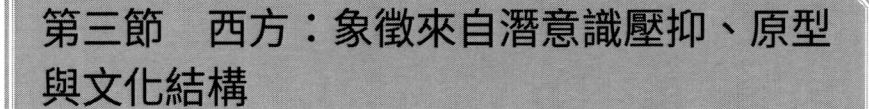

第三節　西方：象徵來自潛意識壓抑、原型與文化結構

夢象徵是「內在世界」在說話

如果說東方夢象是大自然與宇宙秩序的映照，那麼西方對夢的理解，更多是關於「內在心靈」的語言。西方的夢象徵系統從心理學出發，強調夢來自潛意識，尤其是那些被壓抑、被忽略，或還未被認識的情緒和欲望。

夢境因此是潛藏心理動能的顯現。夢裡出現的人、事、物，其實都是心裡某個部分的變形與暗示。這樣的象徵語言，就是我們內在試圖與自己溝通的方式。

佛洛伊德：夢是壓抑的欲望在說話

精神分析學派的創始人佛洛伊德認為夢是「被壓抑的欲望的實現」。他指出，人在清醒時會壓抑某些不被接受的欲望（例如攻擊、性、羞恥感），這些東西會跑進潛意識裡，在夢中以變形、隱喻、轉換的方式重新出現。

舉例來說，一個夢見自己在吃甜點的人，夢境背後可能代表他想滿足某種被壓抑的欲望，甜點只是象徵。夢中不會直接告訴你「你想做這件事」，而是用委婉的方式演出，讓你可以「偷偷」接觸內在需求。

榮格：夢是與「原型」對話的方式

榮格則進一步把夢的象徵語言擴展到「集體潛意識」的範疇。他認為夢中的很多圖像和角色，不只是個人經驗的結果，而是整個人類文化共同擁有的「原型」。

第八章　夢如何說話？象徵的系統差異

原型是一種心理上的共通角色，例如：
- 母親原型：照顧、包容、孕育
- 陰影原型：被壓抑、被否定的自我部分
- 英雄原型：挑戰困難、追尋自我

夢中的人物與場景，常常在不知不覺中對應這些原型。比方說，你夢見一個陌生老人給予你指引，可能象徵你內心的「智者原型」正在提供方向。夢是讓你認識自我各個面向的一面鏡子。

文化與生活經驗塑造象徵內容

西方雖然強調潛意識與原型，但夢的象徵仍會受到文化影響。例如：
- 在基督教文化中，蛇常被視為誘惑與墮落的象徵
- 在歐洲文學中，黑夜、森林常象徵未知與危險
- 在現代生活中，手機壞了可能象徵人際斷聯、溝通困難

這些象徵的意義不固定，它們是與個人文化背景、信仰、生活脈絡交織出來的結果。因此，解夢時不只要看符號，也要看夢者的生活處境與文化語境。

夢象是壓力的出口，也是整合的入口

在西方心理學裡，夢不只是反映問題，更是一種「自我整合」的工具。榮格認為夢會主動調節我們內心的不平衡，幫助我們面對壓力、認識陰影、與潛在自我對話。

舉例來說，一個總是過度理性的人，可能會夢見自己失控、奔跑，或無法控制事情，這種夢雖然讓人不安，但其實是潛意識在提醒：「你需要釋放情緒、接受不完美。」這類夢象便是療癒的開端。

第三節　西方：象徵來自潛意識壓抑、原型與文化結構

夢是心靈說真話的地方

西方的夢象徵，不是神明傳訊，也不是命理的預告，而是內心真正想說的話。它用象徵來讓你看見被壓抑的需求、未完成的情緒、還沒面對的自我。

學會看懂這些象徵，就像學會一種內在語言。你不用解剖每個細節，但只要願意停下來問自己：「這個夢想說什麼？」你就已經開始聽見潛意識的聲音，而這是理解自我最直接也最深刻的入口。

第八章　夢如何說話？象徵的系統差異

第四節　同樣夢象為什麼解法不同？

為什麼別人夢見蛇是好夢，我的卻是惡夢？

很多人會問：「我夢見蛇，網路上說是轉運，可是我醒來後卻超害怕，這到底算好還是壞？」這就是夢象徵的奧妙：同一個夢象，在不同的人、文化、情境下，可能有完全不同的意思。夢象沒有絕對的「標準答案」，而是需要根據夢者的背景、感受與當下狀態來理解。

東西文化對象徵的理解本來就不同

在東方文化中，夢象多與自然、五行、神明、祖先、民俗信仰有關。它們強調象徵與命運、吉凶、社會倫理之間的關連。例如：

- 夢見牙齒掉落代表長輩有病災
- 夢見蛇代表有小人或桃花劫
- 夢見大水代表感情起伏或家庭失衡

而在西方心理學中，夢象則是內在心理的象徵轉化。例如：

- 夢見掉牙代表失去控制感或焦慮感
- 夢見蛇代表性壓抑、內在潛能、恐懼
- 夢見水代表情緒狀態、潛意識的深層感受

這樣的對比告訴我們，同樣的夢象在不同系統中，象徵含義與使用方式會大不相同。

238

個人經驗是夢象的解釋關鍵

除了文化背景外，每個人對某個象徵的「個人經驗」也非常重要。如果你曾經被狗咬，那麼夢見狗可能是恐懼記憶的再現；而對一位養狗多年的人來說，狗可能是陪伴、安全感的象徵。

這也是為什麼夢書的答案永遠只能當參考，真正的解夢，必須結合夢者當下的情緒、生命狀況、以及對夢象的聯想來看。

有一個簡單的方法是問自己：「我看到這個夢象，第一個感覺是什麼？」這個反應，往往比網路上的解釋更貼近夢真正要說的話。

情境與情緒：夢的語法線索

除了象徵本身的意義，夢中出現的「情境」與「情緒」也提供重要線索。舉例：

・如果你夢見在陽光下被蛇纏繞，但是感覺很溫暖，可能象徵你正在接納自己的能量或本能。

・如果你夢見黑夜裡一群蛇圍著你追趕，而你內心充滿恐懼，那可能是潛藏壓力或危險感的投射。

同一個象徵，在不同場景與感受中，意義會產生極大變化。所以，光看象徵不夠，還要看「它怎麼出現」、「你感覺怎麼樣」。

解夢的主動權在夢者自己

傳統夢書與網路解析常常把解夢變成被動接受：「夢到這個就會發生那個」，但真正有效的解夢，是讓夢者有機會理解自己、主動思考夢背後的訊息。

第八章　夢如何說話？象徵的系統差異

夢不是拿來「算命」的，它是幫助你了解內在狀態的工具。若一個夢讓你醒來後有強烈感覺，那就是它在提醒你去關注什麼。

夢就像一封寄給你的私人信，它用象徵說話，但每個人讀懂的方式都不同。夢象徵要你自己參與其中，用你的文化、你的記憶、你的情緒去解開它。

下一次當你夢見一隻老虎、一場大水、一個陌生人，不妨先停下來問問自己：「這讓我想到什麼？讓我感覺什麼？」這就是解夢最好的開始。

第五節　夢語言是否可以「翻譯」？

可以把夢當成一種語言嗎？

如果我們把夢看成一種語言，那麼最直接的問題就是：這種語言能不能被「翻譯」？夢境不是用文字說話，它用的是圖像、象徵、場景和情緒，但就像任何語言一樣，它似乎也有自己的規則、語法和意圖。

然而，夢的語言比日常語言更加模糊、多義，而且沒有一套全球通用的字典。這使得「翻譯夢」變成一種既需要經驗，也需要直覺的行為。不只是把符號對應意思而已，更要進入夢者內在的情緒背景與文化脈絡中去理解。

夢的語言不是「字對字」的對照

許多初學解夢的人，會希望夢能像外語翻譯那樣有固定詞義。例如：蛇＝危險、飛翔＝自由、掉牙＝不吉利。然而這樣的對應雖然方便，卻容易忽略夢的語境與夢者個人經驗。

舉例來說：

- 一個失戀的人夢見自己在爬山，可能是正在努力克服悲傷；
- 但另一個人夢見相同畫面，卻可能是工作壓力帶來的負擔。

同一個圖像，不同的人夢見時，意義可能完全不同。夢的語言更像「詩」，不是翻譯成一行白話就可以，而是需要理解其背後的感覺與流動。

第八章　夢如何說話？象徵的系統差異

翻譯夢的「語境」比「語詞」重要

夢境的象徵常常需要根據夢中發生的情節、時間順序、角色互動，以及夢者醒來時的感受來進行理解。這就像是閱讀一篇小說——你不能只看單一句話就下判斷，而是要理解整段故事。

夢的理解必須建立在個人故事之上，裡面可能有奇怪的句子，但只要你認真讀，就會發現它其實在說一件和你生命密切相關的事。

所以，翻譯夢的關鍵不在於找到「正確答案」，而是能否重建一種內在邏輯，讓夢者能從中感受到共鳴。

翻譯夢需要「文化」與「內心」的雙重理解

在東方文化中，解夢常常依靠象徵分類表、陰陽五行或祖傳夢書。這種方法提供了一種快速整理的工具，但是有時也會忽略夢者的個人經驗。

在西方心理學中，則較強調主觀詮釋與自由聯想。透過與夢者對話，引導他們說出夢境中的感受與聯想，從中理解夢背後的心理狀態。

這兩種方式各有優勢與限制，但最好的方式，是把兩者結合起來：

- 用文化系統建立基本的象徵參考；
- 用個人語境去補足那份獨特的情感意義。

翻譯夢，不是二選一的解釋，而是一場跨越文化與內心的對話。

有沒有一種「共通語法」能解讀夢？

雖然夢的內容千變萬化，但許多研究者發現，一些夢象有驚人的共通性。例如：

- 被追趕的夢通常與焦慮有關；

第五節　夢語言是否可以「翻譯」？

- 掉牙常與失去控制或自我形象損毀有關；
- 裸體夢與脆弱或羞愧感相關；
- 飛行夢則常連結自由、逃脫或夢想的實現。

這些共通語法並不絕對，只是統計上常見的心理模式。有經驗的解夢者可以從這些模式入手，再結合個人脈絡加以調整，在翻譯過程中取得彈性與準確。

翻譯夢，是為了找到自己

很多人希望夢能告訴他「做不做那份工作」、「要不要搬家」、「誰是真愛」。但夢的翻譯往往不是這麼直接，它可能不給你直接答案，而是讓你發現自己真正的感受與需求。

一場夢境的「翻譯」，也許幫助我們看見：

- 自己在意什麼；
- 正面對什麼困難；
- 還沒處理的情緒是什麼；
- 或者，潛意識其實早已做出決定，只等你來承認。

夢語言可以被翻譯，但它不像字典有標準對應。真正的翻譯，是你願不願意走進自己的夢，去理解那些模糊的訊息、奇怪的畫面背後，藏著什麼樣的內心訊息。

夢就像內在劇場，每晚上演不同劇情。你是編劇、導演、演員與觀眾。學會翻譯夢，就是學會重新認識這齣屬於自己的戲。

第八章　夢如何說話？象徵的系統差異

第六節　東方以類比推導，西方以心理機制拆解

解夢像是解謎，不同文化有不同路徑

當我們想要「解夢」時，其實就是試圖用某種方式去理解夢境裡的內容和意義。在這個過程中，東方與西方的做法可說是完全不同的兩種邏輯路徑：東方偏向「類比推導」，西方則採取「心理拆解」。一個是從象徵關係中找出可能性；另一個是從心理結構中剖析原因。

東方：類比思維串連萬物

東方文化中，夢境常被看作是自然運行、天人感應與命理秩序的一種反映。解夢不是要找出「原因」，而是要從夢中出現的象徵，透過比對、對應、套用既有的象徵體系，推導出可能的意涵。

這種方式的核心是「類比」──例如：

- 火＝爆發＝情緒激動＝血壓上升
- 虎＝兇猛＝災難＝小人來襲
- 山＝靠山＝貴人幫助＝晉升機會

這些推導來自千年累積的經驗整理。就像《周公解夢》中，不同夢象會對應不同吉凶條目，一切都圍繞著「象徵─事件─預測」的邏輯進行。

西方：心理機制是一場內在拆解

相比之下，西方心理學看待夢象的方法，是從心理結構出發。夢被視為潛意識的延伸，其內容來自壓抑、衝突、欲望與防衛機制。夢是在「表現內心」。

第六節　東方以類比推導，西方以心理機制拆解

舉例來說，夢見火不代表血壓高，而可能是壓抑的怒氣在尋找出口；夢見山不是代表貴人幫助，而是代表你正在面對一個巨大挑戰，需要整合自我資源來克服。

這種理解方式像是心理分析，把夢的每個元素看成是一個「內在零件」，透過拆解它們的象徵意義，重新拼湊出當下的心理狀態。

類比與拆解：一個橫向、一個縱向

東方的類比法，擅長把一個夢象放進一個大的系統裡橫向對應——例如屬性五行、民俗禁忌、生肖年分、天時方位等；而西方的心理拆解，則傾向縱向深入，把一個夢象當成個人內在歷程的入口，抽絲剝繭地往深層情緒與記憶追溯。

這就像在解讀同一張圖畫：

- 東方會問：這張圖和其他圖像有什麼共同關連？它屬於哪一類型？
- 西方則會問：這張圖讓你想到什麼？它在你內心觸動了什麼？

兩者都是有邏輯的，只是立基點與方法不同。

類比強在實用，拆解強在深入

東方類比式解夢的好處是快速且有行動指引。你夢見被追，查夢書說是壓力大，建議你休息或避開競爭，立刻有一個應對方案。這種方式簡單直接，也容易在社會文化中流傳與實踐。

而西方的心理拆解則較重視個體差異。它不會輕易給出答案，而是引導你探索自我。例如，你夢見一棟廢棄的屋子，心理師可能會問：「你覺得這棟房子像不像你現在的某種情感狀態？」這種方式需要投入，也更容易帶來自我轉化。

第八章　夢如何說話？象徵的系統差異

在近代解夢實務中，越來越多人嘗試結合這兩種方式——一方面保留東方的象徵體系與直觀智慧，另一方面引入西方的心理探索與個人對話。

例如，有些心理諮商師會先讓當事人聯想夢象意義，再提供一些民俗象徵作參考，兩者交錯使用。這樣的混合方法，不僅讓夢更貼近個人經驗，也兼顧文化背景的解釋脈絡。

這說明夢不只是心靈的私語，也是一種文化的集體語法。透過不同方法的交叉解讀，我們更能看清夢境背後那層被壓縮又渴望被理解的訊息。

不管是類比還是拆解、東方還是西方，夢的本質都是在說內心的故事。東方用類比為你指出一條可走的路，西方用拆解讓你看清腳下的根源。兩種方式沒有優劣，只有你更容易接近自己心聲的那條路。

夢不需要被固定解釋，它需要被真實感受。選擇哪一種方式解夢，也是在選擇你如何與自己對話的語言。

第七節　符號是否隨文化變動？

夢中的符號，是固定的嗎？

當我們說「夢的象徵」，很多人以為它們就像數學公式一樣穩定。但事實上，夢中的符號不是硬幣上的印記，它更像是一面鏡子，會隨著時間、文化和個人經驗而變化。

夢象的意義，不是固定的「答案」。它會根據你所處的社會文化、時代背景，甚至你最近看的影集或新聞而有不同的解釋空間。這也是為什麼「符號變動性」是夢語言中最難掌握的一部分。

時代改變，夢象徵也會跟著換意義

我們可以舉幾個例子來看夢中符號的文化變遷：

・古人夢見「飛行」，多半認為是不祥之兆，象徵魂魄離體；現代人夢見飛翔，則常解釋為自由、自主、自我實現。

・在農業社會，「蛇」可能是代表農田的守護神，或警告來襲的災難；但在心理學盛行的年代，它則成為性慾、轉化、潛能的象徵。

・過去夢見「手機壞掉」根本不存在，但現在這種夢會被視為人際斷線、資訊焦慮或缺乏溝通。

夢的符號，是和整個文化語境一起進化的。它與我們日常生活中接收的資訊密切相關。

第八章　夢如何說話？象徵的系統差異

同一個符號，不同文化看法大不同

夢象的意義，也會因為文化背景的不同而產生極大差異。例如：

・「貓」在歐洲可能是神祕、獨立的象徵，但在某些亞洲地區則可能與厄運或亡靈相關。

・「夢見已故親人」在東方可能被視為祖靈託夢，但在西方則可能被視為哀傷尚未釋懷的情緒映射。

・「紅色」在中國代表喜慶與吉祥，但在某些文化中卻象徵危險或禁止。

這些差異讓夢的詮釋變得非常個別化。光是看符號還不夠，還得理解符號所處的文化語境與象徵框架。

媒體與科技，也會影響夢的象徵

現代人的夢象徵，已經離不開我們所接觸的媒體與科技。例如：

・電視劇與網路梗圖成為夢中的角色與場景來源；

・手機訊息、LINE對話、社群平臺，常常成為夢中傳遞訊息的介面；

・遊戲角色、AI、機器人，也逐漸取代傳統神祇或神獸成為夢中強力象徵。

這代表夢的象徵包含了大量的現代文化素材。夢象不再僅僅來自廟宇、田地、山川，也來自我們滑手機時的影像殘留。

個人經驗是最終的翻譯關鍵

儘管文化與時代會改變夢的符號意義，但最終的詮釋還是取決於夢者個人。你如何與這些符號建立情感關聯，才是理解夢最重要的一步。

例如：

・你從小被狗咬，夢見狗可能是恐懼與不安的記憶回放；

・但如果你養狗多年，狗則可能象徵陪伴、安全與忠誠。

這也說明，無論夢書怎麼寫、網路怎麼解，都比不上你對那個符號的第一反應 —— 那才是你的潛意識在說話。

夢中的符號就像語言一樣，不會永遠只代表一個意思。它們會隨著你的文化、時代與生活經驗而不斷改變。理解夢，別去死記一套固定解釋，而是要去感受：這個符號，在現在的你眼中，代表什麼？

夢是當代文化與個人情緒的動態產物。只有當你願意用當下的感覺去傾聽，夢的符號才會回應你真正的問題。

第八章　夢如何說話？象徵的系統差異

第八節　為何不同時代看同樣夢會有不同詮釋？

相同夢境，不同時代看到不同意思？

你有沒有想過，如果你夢見自己在飛翔，活在清代的你會怎麼想？而活在 21 世紀的你，又會怎麼理解？事實上，夢的內容可能一樣，但不一樣的是我們所處的時代與文化氛圍。這些差異，會決定我們「怎麼解釋這個夢」。

夢並非獨立於歷史之外的現象，它總是在一個時代的觀念、科技、信仰與語言中被形塑與理解。因此，即使夢象相同，它的詮釋也會隨著時代演變產生巨大差異。

社會價值觀改變，夢的意義也跟著變

以夢見「掉牙」為例：

・古人會聯想到「家中長輩將有災難」，因為在他們的觀念中，牙齒與壽命、骨氣、宗族有密切關係；

・現代心理學則可能解釋為「面對變老的焦慮」、「對形象受損的恐懼」，與自我認同有關。

再如「夢見飛行」：

・中世紀的歐洲人可能會認為這是靈魂離體，甚至與魔法或異端有關；

・而當代則可能被看作「追求自由」、「想逃離現實」、「突破限制」的象徵。

這些變化是時代對人性、心理與靈性理解方式的不同所致。

科學進步影響人們對夢的想像

科技越進步，我們越不傾向將夢解釋為神祕事件，而轉向理解它的心理功能。例如：

・古代夢見火山爆發，可能覺得是山神發怒；

・現代人則可能將之視為內在壓力無法釋放的象徵，或工作焦慮的具象表現。

特別是在 20 世紀之後，隨著精神分析與行為心理學的發展，夢不再只是「命運的暗示」，而是「心靈的運作」。夢的象徵逐漸從外部神靈移回個人心理狀態，這也是時代影響夢解釋邏輯的一個重要轉折。

不同時代有不同的夢典與解夢權威

在不同時代，解夢的方法與權威也不同。

・古代以《周公解夢》、《夢占逸旨》為準，靠夢書比對象徵與事件；

・文藝復興時期的歐洲，夢與神學解釋、占星學結合；

・佛洛伊德與榮格出現後，夢開始被視為潛意識的表徵；

・現在，解夢可以是心理諮商的一部分，也可能只是個人靈修與反思的工具。

誰「有資格」詮釋夢，也因時代而不同：可能是神職人員、國師、心理師、自己，甚至是 AI 系統。

流行文化會重新定義夢象

當代流行文化也深刻地改寫夢象的意義。例如：

・電影《駭客任務》(*The Matrix*) 讓人重新思考夢與現實的界線；

第八章　夢如何說話？象徵的系統差異

・網路迷因與社群語言，則讓某些符號被賦予全新含義（如夢見表情符號、角色 IP 等）。

這些文化素材一旦進入我們的日常視野，也會成為夢的象徵庫的一部分。你夢見一個機器人，可能已不再只是冰冷科技的代號，而是一種「人性困惑」、「人工智慧焦慮」、「控制與被控制的辯證」。這種變化在古代是完全無法出現的。

我們的夢，也反映了時代的焦慮

・在戰爭時代，人們常夢見災難、逃亡、失去親人；

・在經濟動盪時期，夢裡出現破產、遺失金錢、被解雇的情節也會變多；

・在網路與數位壓力下，夢見密碼忘記、訊息未讀、被取消關注也變成常見。

這些夢象是時代集體潛意識的流露。夢會吸收世界正在經歷什麼，然後轉化為個人內心的劇場。

夢說的是「當代的語言」

夢境可能一樣，但是不同時代的人，聽見的「語意」是不同的。解夢便是一場跨時代的翻譯。

如果你想理解自己的夢，就要了解你所處的時代，它的價值觀、焦慮與語言。因為你的夢，既是你的，也是這個世界給你的回聲。

第九節　夢象中的隱喻與轉換機制比較

夢象是在說故事

夢不會像課本一樣明白寫下「你在焦慮」、「你很孤單」或「你需要改變」，它總是繞著彎、拐著彎說話。夢的語言是一種高度象徵性的表達方式，其中最常見的就是「隱喻」與「轉換」。這兩種機制是夢境表意的核心，也正是東方與西方在解夢方法上出現差異的重要基礎。

什麼是夢中的隱喻？

隱喻，就是「以一物代表另一物」。夢裡的火，可能不是火，而是怒氣；夢裡的走樓梯，不是真的要走樓梯，而是象徵你正處在努力進步或感覺被壓力拉扯的階段。

例如：

・一個孩子夢見自己穿著破舊的衣服走在街上，可能反映的是對自我形象的羞愧；

・一位準媽媽夢見自己養了一隻動物，可能象徵她正在為即將出生的生命做準備。

隱喻讓夢可以用一種「委婉」、「安全」的方式來處理敏感或壓抑的議題，這也讓夢的內容更加富有彈性與深度。

轉換機制是什麼？

轉換機制（displacement）是夢在處理強烈情緒時常用的技巧。它會把一個讓人難以接受或太過刺激的象徵「換一張臉」呈現出來。這就像心理

第八章　夢如何說話？象徵的系統差異

的變裝遊戲 —— 不改變核心情緒，只換個外型。

佛洛伊德曾舉例說，一個人在夢裡殺了父親，但是實際上夢者根本沒有這種意圖，而是對權威、控制或自我壓抑感到憤怒。夢為了讓這些情緒「能被看見」，就使用轉換的手法進行呈現。

在東方，也有類似的方式，只不過表達得更具宗教或自然象徵色彩。例如，夢見山崩可能代表家庭動盪、夢見蛇可能不是害怕蛇本身，而是生活中某個隱藏威脅的代號。

東方偏向具體象徵的「類隱喻」

在東方解夢傳統中，象徵常常有較為穩定的意義。例如：

- 龍＝權威、祥瑞；
- 河水＝情緒流動或財運；
- 鏡子＝反省、自我對照。

這些象徵較像是一種文化建構的隱喻系統，它們根植於傳統經驗與民俗體系之中。

這樣的「類隱喻」使得解夢更傾向比對、分類與歸納。但缺點是較少考慮個人情緒或潛意識的複雜性，有時會忽略夢者內在的細緻變化。

西方偏向主觀聯想的「個人隱喻」

而在西方，隱喻與轉換更強調個體經驗與潛意識的動力。夢的每個元素都可能是你內在某個部分的化身。例如：

- 一位總是害怕失敗的人夢見自己掉進井裡，那口井也許就代表他心中的「無能感」。

第九節　夢象中的隱喻與轉換機制比較

・一個剛升職的人夢見自己穿錯衣服上班，這可能是對「配不上該位置」的焦慮轉化。

這樣的隱喻系統靠自由聯想去還原情緒背後的意義。

隱喻與轉換的文化根基不同

東方的隱喻系統建構於「象」的概念上，講求萬物皆有形、有象、有意，象徵性與自然、陰陽、五行、命理緊密相連。它關注的是「宇宙怎麼透過夢來對你說話」；而西方的夢象隱喻則與「自我整合」與「心理轉化」密切相關，關注的是「你的心在對你說什麼」。

這導致東方夢象較強調外部規律與社會秩序，西方夢象則更重視個人心理歷程與內在修復。

怎麼解讀夢中的隱喻與轉換？

・先問感覺：這個夢讓你最深刻的情緒是什麼？

・再看象徵：夢中的人、事、物讓你聯想到什麼？

・注意轉換：會不會有什麼你沒想過的「替身」出現在夢裡？

這些問題能幫你辨識夢是否用了隱喻或轉換來說話。

不論是東方的文化隱喻，還是西方的心理轉化，夢都用轉換與象徵，繞過你的防衛機制，用一種不那麼直接卻更深刻的方式，把內在情緒、潛藏訊息甚至文化記憶說給你聽。

第八章　夢如何說話？象徵的系統差異

第十節　象徵是文化說話的方式

夢象是「對話」

許多人以為夢的象徵就像一把密碼鎖，只要找到正確的對照表就能打開它的祕密。但事實上，夢象的功能更像是一種語言，是我們文化、經驗與情緒交織出的獨特表達方式。

象徵不等於密碼，因為密碼是固定、唯一、可解鎖的；而象徵是開放、多元、需要詮釋的。解夢的重點不是找到一個「標準答案」，而是參與一場「意義的對話」。

夢象徵反映文化的「語言習慣」

就像每個國家有不同語言，夢的象徵也依文化而異。例如：

・東方文化強調天人合一，因此夢中的自然符號（如山、水、雷）往往蘊含著天地間的秩序與警訊；

・西方文化重視自我內在，因此夢中的場景與物件，常常是心理狀態的延伸（如門象徵界線，地下室象徵潛意識）。

這些象徵之所以有意義，是因為它們在那個文化脈絡中「有話要說」。夢象本身是文化給予我們的一種語言工具。

為什麼象徵不能一視同仁？

同一個夢象在不同文化會有不同意義，這是因為文化期待不同。例如：

第十節　象徵是文化說話的方式

・夢見蛇：在印度文化中可能代表神聖與靈力；但在基督宗教傳統中，蛇常代表誘惑或墮落。

・夢見紅色：中國人可能會想到喜慶與吉祥；但在西方某些語境中，紅色象徵危險或情慾。

這些對照說明，象徵是文化的一種「說法」。要懂這個「說法」，才能理解夢在告訴你什麼。

個人經驗與文化語法交織

除了文化共識外，每個人的生活經驗也會重新塑造象徵的意義。例如：

・如果你童年時在暴雨中迷路，夢見下雨可能會讓你感到焦慮；

・而另一個人則可能覺得夢中的雨是洗滌、釋放壓力的象徵。

這說明夢的象徵就像語言裡的「比喻」：你必須根據說話的人、對象與情境，才能知道它想傳達什麼。夢是根據你的文化背景、人生歷程量身訂做的「內心說話方式」。

象徵是「參與文化」的一種方式

當我們使用象徵，我們其實就在與文化進行互動。解夢就像學語言，開始時需要參考字典（夢書、心理學、宗教符號），但真正的理解，必須來自你自己參與這場語言遊戲。

文化不只塑造夢象的形式，也會定義夢象的接受方式。例如：

・東方人會傾向祈求神明、風水師解夢；

・西方人則可能尋求心理諮商、自由聯想。

第八章　夢如何說話？象徵的系統差異

這些都是文化語言的一部分，夢透過這些路徑說話，我們則透過參與其中而更認識自己。

為什麼我們會誤解夢象？

常見的誤解是：夢象應該有一個「正確答案」。這種想法把夢象當成密碼，錯過了象徵的真正價值——那是文化與個人之間動態生成的語言。

當我們強求用固定模板去解釋夢，便忽略了夢的「變動性」與「多層次」。夢的本質是在邀請你展開一場對話，一場和文化、經驗、自我交會的談話。

第九章
怎麼解夢?東西方的方法與工具

第九章　怎麼解夢？東西方的方法與工具

第一節　解夢靠誰？自己還是專家？

夢這麼個人，還需要別人解嗎？

每個人都有夢，但不是每個人都會去解夢。更有趣的是，就算有人解夢，方式也不盡相同：有些人會自己上網查，有些人找老師問，有些人則相信自己最懂自己的夢。那麼，夢到底該自己解，還是找專業的人來協助比較好？這個問題其實涉及到兩件事：夢的性質，和我們對「專業」的期待。

自己解夢：直覺、感受與經驗是關鍵

夢畢竟是發生在你自己腦海裡的東西。你最清楚夢裡的人事物跟你有什麼關連、情緒和記憶。從這個角度來說，沒有人比你更有資格理解它。

夢中出現的景象，常常與最近的生活、壓力、情緒、回憶有關。別人可能無法知道你為什麼認為夢見一隻狗是可怕的，因為只有你記得小時候曾被狗追過。自己解夢的優勢就在於這種「背景知識」完全內建。

另外，有些夢的意義，並不需要很精細的專業拆解，它來自你對夢境的感覺。例如：

・這個夢讓我安心，或許它在提醒我一件事；

・這個夢讓我害怕，可能是壓力快滿了。

這些判斷來自直覺，也來自你對自己的了解。夢是一種自我對話，而你就是那段對話的最佳聽眾。

專家解夢：經驗、理論與結構的整理

但是另一方面，夢也可能包含你尚未察覺的情緒、壓抑的衝動，或者過往的創傷等。當夢境讓你感到困惑、重複出現，或引起強烈反應時，專家就能提供一種不同的角度來看待。

專業的解夢者（如心理師、精神分析師）通常受過系統訓練，懂得從潛意識、象徵系統、文化語境來解析夢的內容。他們可以幫助你釐清：

- 夢裡那些難以言喻的意象可能代表什麼；
- 為何這些畫面總在你壓力大時出現；
- 你可能在逃避或尚未正視的內在衝突。

這些角度透過對話、引導、自由聯想等方式，幫助你更完整理解夢的多層意義。

東方的「請神問夢」與民間解夢文化

在東方文化中，解夢者常是道士、命理師或民俗知識的傳承者。他們根據夢書（如《周公解夢》）、陰陽五行、象徵比對等方式，給出吉凶判斷與對應建議。

這樣的做法不見得準確，卻具有高度的社會功能：

- 它提供了一種「安定解釋」—— 讓人知道該怎麼行動；
- 它連結了群體信仰與宇宙秩序 —— 夢成為一種天意的顯現。

在這種脈絡下，解夢不是個人心理探索，而是「向外尋求說法」的社會實踐。

第九章　怎麼解夢？東西方的方法與工具

西方的心理分析與探索導向

而在西方，尤其是心理學興起之後，夢的重點轉向「內在的解釋」。專家的功能是陪你一起探索夢背後的感受、需求與未解議題。

佛洛伊德強調夢是潛意識壓抑欲望的展現，榮格則認為夢是內在自我與潛意識整合的過程。這些理論強調的是「你與夢之間的關係」，而不是「夢告知了什麼命運」。

專家的價值，在於他們能夠提供安全的空間，幫助你「翻譯」夢的語言，進入心靈深處。這種翻譯過程，其實就是治癒的一部分。

兩者之間，其實可以互補

所以，夢到底該靠自己還是專家？最好的答案可能是：視情況而定，兩者搭配最為理想。

・日常的小夢、情緒夢、短暫片段，可以自己記錄與聯想；

・反覆出現的夢、情緒強烈的夢、與創傷有關的夢，可以找專家協助理解。

夢是一種訊息，但訊息的價值來自於「誰在解讀」、「怎麼解讀」。專家能看見你看不到的脈絡，而你自己則擁有那個夢最原始的感受。

第二節　東方的查表與比對法

解夢查字典，真的這麼簡單？

在東方文化中，解夢有一個非常普遍的做法：查表。也就是說，夢見了什麼，就去翻夢書、夢典、吉凶表，把出現的動物、人物、情景和「標準答案」比對，得出一個意義。這種方法其實從漢代以來就很盛行，到了《周公解夢》更是系統化。

這種解法就像使用工具書，有點像查詞典、翻農民曆。雖然簡便、快速，但是也產生許多誤解與依賴問題。我們可以來看看這套方法的來龍去脈，並思考它的優點與盲點。

《周公解夢》如何塑造查表文化？

《周公解夢》是最知名的東方夢書之一，它將夢象分門別類，依據物品、動物、人物、自然現象等項目，對應出吉凶與預示事件。例如：

- 夢見廚房：可能象徵生活瑣事或家庭溫度的變動；
- 夢見飛機延誤：暗示計畫受阻或焦慮未釋；
- 夢見書本撕裂：或許代表知識信念的動搖或自我懷疑。

這些解釋源自古人「象徵推導」與「類比思維」的文化傳統。它將自然萬物與人事現象連結起來，形成一套可供對照的系統。

查表的邏輯是什麼？

東方的查表法背後，其實有一套隱性的思維架構：

- 第一，夢是來自「天意」、「祖靈」、「冥冥之中」，具有預示功能；

第九章　怎麼解夢？東西方的方法與工具

- 第二，世界是有象徵邏輯的，萬物有意，每個畫面都有意義；
- 第三，人需要靠智慧或系統去「讀懂」這些象徵。

這種思維使得夢被放在命理、占卜、風水等系統中處理，成為人生運勢的一部分。解夢變成一種「探測未來」的技術，而查表則是操作這個技術的最平民化工具。

民間版本與地域差異的查夢工具

除了《周公解夢》，各地也有許多流傳版本：

- 臺灣常見的夢書小冊子，會列出號碼與六合彩對應；
- 香港的夢冊還會分類「女人夢見」與「男人夢見」的不同意義；
- 中國大陸地區的「夢象字典」多與生肖、八字、五行搭配使用。

這些版本多半在夜市、廟口、民俗書攤流通，雖然內容略有不同，但基本上都依循「象徵—事件—吉凶—建議」的結構。

查表的優點：快速、穩定、有依據

對於不熟悉心理學或夢境分析的一般人來說，查表法提供了一種入門途徑：

- 簡單易懂：一查就知道大概意思；
- 安定心神：即使夢境讓人不安，查到吉夢也能安心；
- 方便溝通：許多人習慣以此作為討論話題或行動參考依據。

在社會文化層面，它也讓夢不再只是私人的情緒事件，而是一種可以交流與共識的「社會語言」。

查表的盲點：忽略個人經驗與情緒脈絡

然而，查表式解夢也有明顯的限制：

- 沒有考慮夢者的生活背景與情緒；
- 忽略夢境出現時的情境與細節；
- 容易僵化，造成依賴甚至迷信。

例如：夢見水代表財富，對一個怕水的人來說，可能是恐懼的投射而非財運到來。若一味查表，反而錯失理解自己真正情緒的機會。

當代東方解夢：正在轉型與融合

近年來，一些現代華人心理師與文化工作者開始重評查表法。他們試圖在保留文化傳統的同時，也引入西方心理學的個體詮釋方法。例如：

- 讓夢者先自由描述夢境，再參考夢書作為象徵擴展；
- 不將夢象固定化，而是納入個人聯想與情緒脈絡重新理解；
- 結合日記、冥想與占卜工具，引導夢者與夢對話。

這樣的改變讓查表不再只是「比對吉凶」，而變成一種「象徵探索」的起點。

解夢不只是問「這是什麼意思」，更是問「這對我來說是什麼意思」。當我們不只查表，也願意去對話、探索、反思時，夢才會從簡單的吉凶預測，變成一面能映照自我的心靈鏡子。

第九章　怎麼解夢？東西方的方法與工具

第三節　西方的自由聯想與象徵拆解法

解夢是找感覺

相較於東方解夢傾向「查表比對」，西方尤其是現代心理學體系，走的是完全不同的路線。他們認為夢沒有絕對意義，也沒有誰能直接告訴你夢見一隻貓或掉一顆牙代表什麼。夢就像一張畫，需要你去看、去感受、去連結，而不是找標準答案。

這種方式叫做「自由聯想」（Free Association），是從佛洛伊德開始建立的解夢核心技術。透過讓夢者自由地說出對夢中意象的聯想，專業者可以一步步協助夢者拆解夢象、理解潛意識。

佛洛伊德：夢是被壓抑欲望的偽裝表現

佛洛伊德認為夢是潛意識壓抑的欲望在睡眠中找到出口，但為了避免驚嚇自我意識，夢必須透過「象徵」與「扭曲」來表達。他將夢的形成分為兩個部分：

・潛在夢意（latent content）：真正的動機、情感與欲望；

・顯在夢意（manifest content）：實際夢到的畫面與內容。

夢的象徵是一種「偽裝機制」，讓潛在意義躲進日常畫面裡。舉例來說：

・一個人夢見掉進溝渠，顯在內容看似單純，但聯想之下，可能象徵他近期情緒低落、自我價值受損。

自由聯想法的目標，就是從夢者說出的詞語、回憶、情緒中，找出通往潛在夢意的線索。

266

榮格：夢是潛意識的調節機制與原型

榮格雖然也是精神分析學派，但他對夢的看法更具整合性。他認為夢不只是壓抑的反映，而是內在心理系統的一種「自我修復」與「補償」功能。

榮格提出「集體潛意識」的概念，認為人類共享一組原型（archetypes）：如母親、英雄、影子、智者等，這些會以象徵方式出現在夢中。這些象徵不只是個人的，也是文化的、跨世代的。

舉例：

・一位女性夢見自己變成獅子並咆哮，這可能不是她壓抑了攻擊性，而是她的內在力量正在甦醒，一種原型性的女性能量正在覺醒。

榮格強調將夢象用圖像對圖像的方式進行「象徵對話」，這和佛洛伊德以語詞為主的自由聯想不同，是另一種深度心理探索方式。

自由聯想怎麼做？

一場自由聯想的夢分析大致會進行以下步驟：

・描述夢境：夢者完整敘述夢內容，不評價、不省略。

・逐象聯想：每個物件、場景、人物都問：「它讓你想到什麼？」

・情緒線索：探索夢中出現時的感覺，例如害怕、困惑、羞恥。

・生活關聯：將夢中感受與現實生活狀態連結，例如最近是否遇到類似壓力？

・主題辨識：找出夢的重複主題，如失控、孤獨、渴望、衝突等。

這過程像心理偵探，也像藝術對話。你不只是在分析夢，更是在透過夢理解自己。

第九章　怎麼解夢？東西方的方法與工具

為什麼不查表？因為每個人不一樣

自由聯想法拒絕「一夢一解」的邏輯，因為每個人的經驗、情緒、回憶都不同。

・夢見一棟老屋，對建築師是結構與設計，對童年住在破屋的人則是創傷記憶；

・夢見逃跑，有人可能覺得刺激、是渴望冒險的投射；對另一人卻可能是焦慮與無助的象徵。

這種高度個別化的理解，是西方心理學解夢的核心，也使得專業對談更顯重要。

拆解象徵是還原感受

有些人誤會心理學解夢就是「去神化」，其實不然。自由聯想與象徵拆解的目的不是否定夢的神祕性，而是讓那份神祕更貼近生活、更可觸碰。

自由聯想與象徵拆解法讓夢不再只屬於神明或夢書，而是回到你自己身上。每個夢象都可以是一把鑰匙，但是那扇門打開後看到什麼，只有你自己能體會。

西方心理學解夢，就是教你怎麼聽懂自己潛意識說的話。

第四節　清醒夢訓練：從被動觀夢到主動操夢

夢可以「控制」嗎？

大部分人認為夢是一場「被動的經驗」，你只能任由夢發生、任由劇情展開。但其實，在某些狀態下，人可以在夢中「清醒過來」，甚至開始「控制夢的劇情」。這種夢被稱為「清醒夢」（Lucid Dream），意思是：你在夢中知道自己正在作夢，並且可以選擇怎麼行動。

清醒夢不只是科幻電影的概念，早在古代印度與佛教的禪修傳統中就有相關紀錄。到了 20 世紀後半，心理學與睡眠研究開始將清醒夢納入科學討論，逐漸成為一種可訓練的技巧。

清醒夢是什麼樣的感覺？

很多體驗過清醒夢的人描述，那是一種「半夢半醒」的狀態：你知道自己在夢中，但夢境仍然真實細膩，能感受到情緒、觸覺，甚至做出選擇。最常見的例子包括：

・在夢中飛翔、潛水或瞬間移動；

・與已故親人交談、重演過去場景；

・解決現實中的難題，如創作靈感或人際困境。

這些能力來自於「夢中自覺」與「夢中意志」。一旦能意識到自己正在作夢，就能從觀眾變成主角，甚至成為導演。

第九章　怎麼解夢？東西方的方法與工具

如何進入清醒夢？訓練方法有哪些？

雖然清醒夢的產生有時候會自然發生，但是也可以透過練習與訓練來提高發生機率。常見的方法包括：

・夢日誌紀錄：每天醒來立即寫下夢境，強化夢的記憶與關注力。

・現實檢查（Reality Check）：白天時常問自己「我是不是在夢裡？」例如觀察手掌是否變形、看鐘錶指針是否正常。

・記憶性誘導法，MILD（Mnemonic Induction of Lucid Dreams）：睡前對自己反覆暗示：「下次我夢見某某情境時，我會知道我在作夢。」

・清醒再入睡 WBTB 法（Wake Back To Bed）：凌晨醒來後保持清醒約 20 分鐘再回睡，增加進入 REM 快速動眼期的機會。

・體感刺激法：在淺眠期對身體施以微弱聲音或光刺激，使意識保持清醒而身體入睡。

這些方法的目的是在夢境發生時喚醒「自我意識」層次，讓夢者不再完全被夢境牽著走。

清醒夢的文化觀點：東方 vs 西方

東方傳統中，類似清醒夢的觀念早見於佛教「瑜伽睡眠」與「夢中修行」，認為夢是通往「真實自性」的門徑。在藏傳佛教中，甚至有一整套「夢瑜伽」的訓練體系，認為夢中能修法、悟道、轉化業力。

而西方心理學則將清醒夢視為「自我統整」與「創造力開發」的途徑。美國心理學家史蒂芬・拉貝吉（Stephen LaBerge）對清醒夢的研究開創了近代此領域的實驗基礎，他證實人在夢中可以有意識地控制眼球運動，證明清醒夢的可驗證性。

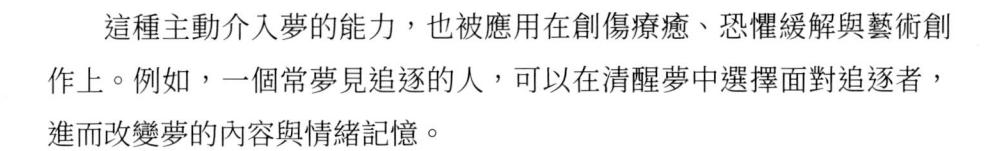

這種主動介入夢的能力，也被應用在創傷療癒、恐懼緩解與藝術創作上。例如，一個常夢見追逐的人，可以在清醒夢中選擇面對追逐者，進而改變夢的內容與情緒記憶。

清醒夢的心理功能與風險

研究顯示，清醒夢對心理健康有幾種可能幫助：

・恐懼減敏：在夢中重複面對害怕的情境，有助於減低真實生活中的焦慮；

・自我效能提升：成功控制夢境會增加自我掌控感；

・創造力發展：在夢中能進行自由聯想與情境模擬，有利於創意輸出。

但也有學者提醒過度依賴清醒夢可能導致：

・睡眠品質下降；

・現實與夢境混淆的輕微解離感；

・對控制失敗的夢產生挫折。

因此，清醒夢雖然迷人，但仍需理性看待與適度實踐。

從觀夢者變成夢的創作者

清醒夢讓我們不再只是被動地經歷夢境，而能主動參與、重構，甚至療癒。這不是超能力，而是一種可以訓練的意識技巧。

當我們學會在夢中覺醒，不單只是為了有趣，也是為了更深刻地理解自己。

第九章　怎麼解夢？東西方的方法與工具

第五節　記夢工具與夢日誌的文化差異

為什麼要記夢？

幾乎每個人都曾有過醒來後還記得夢的片段，但是不到幾分鐘，那些夢的細節就像泡沫一樣消失。這是因為夢境屬於短期記憶，若不立刻記錄，很快就會被清醒意識所覆蓋。記夢工具與夢日誌的出現，正是為了讓夢的訊息不至於消逝，也讓夢的解讀與理解有跡可循。

夢日誌不只是記錄劇情，更是捕捉潛意識片段、理解自我內在模式的一種工具。記夢本身，就是進入夢的世界的第一步。而在東西方文化中，記夢的方式與意圖，其實有著顯著差異。

西方：夢日誌作為自我探索與治療的一部分

在西方心理學，特別是榮格、榮格後學派與清醒夢研究中，夢日誌是一種基本工具。它不只記下夢境內容，更記錄夢後的感受、聯想與生活事件的連結。

常見的夢日誌紀錄內容包括：

- 日期與時間
- 是否自然醒或鬧鐘醒
- 夢境的劇情與象徵物
- 醒來後的情緒與身體感覺
- 與現實生活中的對應事件

例如，一位藝術家夢見自己掉進地下洞穴，醒來後感到沉重。他在日誌中寫道：「可能與最近靈感枯竭有關，也可能是潛意識想要安靜一陣。」

這種記錄方式讓夢成為一種情緒紀錄，也是一種日常的心理追蹤。

東方：夢紀錄與宗教、命理實踐相連

在東方，夢的紀錄常與宗教儀式或占卜儀軌連動。許多傳統道教、佛教與民間信仰，都將夢視為神靈介入或祖靈託示的場所，因此會鼓勵記夢並供奉、解夢。

例如：

・有人夢見觀音顯靈，會記下夢境並到廟中供香答謝；

・夢見親人託夢，則需記錄並進行「回應」儀式，如燒紙錢、設食供奉；

・某些地區還有「夢記三日」的習俗，表示夢境若連續三天出現，必有啟示，需特別記下。

這類夢紀錄多以故事方式呈現，重點在於「夢的意義與反應方式」，而非內在心理探索。

夢紀錄的目的不同

・在西方，記夢是為了「認識自己」、「提升意識」、「觀察潛意識變化」。

・在東方，記夢則是為了「察知吉凶」、「尋求神意」、「規避災難或把握機緣」。

兩者都重視夢的訊息，只是起點與終點不同。一個是走向自我內省，一個是尋求宇宙回應。

第九章　怎麼解夢？東西方的方法與工具

隨著心理學知識普及與文化融合，越來越多人開始同時使用兩種模式。

・白天寫夢日誌做心理反思；

・晚上拿夢與家人討論吉凶，或到廟裡擲筊請示。

這種混合型記夢方式，不但貼近日常，也反映了現代人處於「心靈療癒」與「信仰實踐」之間的雙重需求。

記夢，就是把夢的語言寫下來，讓我們有機會回頭理解它。

第六節　測字與夢象的交叉應用

夢與文字，真的能互相解釋嗎？

對很多人來說，夢是一種畫面，而文字是語言系統，兩者似乎不相干。但在東方，尤其是華人傳統中，夢境中出現的文字、詞語，或醒來後對某個字有特別的感覺，往往被認為是一種「符號提示」，這正是測字與夢象交叉應用的文化背景。

測字，是根據一個字的結構、意義、聲音與形狀，來推演事情的吉凶、走勢與心理狀態的占卜方式。而夢境中往往也會出現單字、標語、門牌、紙條或令人印象深刻的文字。當夢象與字形交會，便可啟動一種特殊的「雙重詮釋機制」。

清代《測字祕牒》的啟示

《測字祕牒》一書中詳細記載許多解字與占夢互補的案例。例如：

・若夢中出現「門」字，《祕牒》會從門的結構「一扇門，開合之道」延伸推演，判斷是否有人事變動或有機會降臨；

・若夢後醒來腦中浮現「困」字，則從口與木組合判斷為「被框住的能量」，象徵目前身處受限、但內含成長可能的狀態。

這種結合象形字義、語意象徵與夢中感知的方式，展現了東方文化將語言視為象徵的傳統，也讓夢與文字的結合成為心理對話的一環。

第九章　怎麼解夢？東西方的方法與工具

當代實例：夢中的字與現實訊息

許多現代人也會有這樣的經驗：

・夢見手機螢幕上跳出「錯誤」兩字，醒來後感到不安；

・夢中看到街道上有塗鴉寫著「重來」或「終點」，醒來後思考人生是否該轉彎；

・甚至夢見報紙頭條上的標題是一個從未聽過的詞，卻有強烈記憶點。

這些文字成為潛意識與顯意識之間的橋梁，透過語言給出可追蹤、可分析的內容。這種文字的出現，可能是情緒投射、焦慮顯影、語言記憶殘留所造成的。

心理詮釋與占卜詮釋的雙軌整合

・在心理學角度：夢中出現的文字反映的是語言記憶與內心對某些語詞的強烈連結。例如焦慮的人可能夢見「錯誤」、「被拒絕」、「來不及」，這些詞彙就是潛意識的顯影。

・在占卜角度：這些字被視為超意識介入的「文字神諭」，如夢見「火」就可能涉及口舌是非或家庭問題，夢見「木」則代表生命力與等待。

當我們同時理解心理與文化兩個層次時，測字與夢象便是同種訊息的雙聲道。

如何實作測字與夢象的交叉使用？

・記下夢中的文字：不論是標語、字幕、手寫字，甚至某人對你說出的字，都值得記錄。

第六節　測字與夢象的交叉應用

・將文字作為測字起點：可以查閱傳統測字資料（如《測字祕牒》、《字源》、《康熙字典》）理解字形與義理。

・連結夢象場景：例如夢見「石」字同時背景是崩塌，可能表示堅固信念動搖；若在流水旁出現「安」字，則可能象徵內在找到平靜。

・補充心理聯想：問自己「這個字讓我想到什麼」、「它代表什麼事件、什麼人物、什麼感覺？」

這四步驟能讓夢中的字與畫面互相說話，成為一種文化與心理並行的詮釋法。

文字是夢中最清楚的符號之一

夢中的畫面可能模糊、轉瞬即逝，但是文字通常是最具形象感、記憶點與可追蹤性的訊息載體。它們出現在夢中，往往代表夢者已進入一個「開始用語言與自己溝通」的階段。

夢中見字，是一種自我對話的開端。無論是從測字角度來看，還是從心理角度去體會，這些文字，都是夢給你的線索。

夢是心靈的劇場，文字是語言的符號。當這兩者在夢中相遇，我們就得到一種獨特的線索系統：既可以用心理學方式去分析，也可以用傳統文化去對照。

第九章　怎麼解夢？東西方的方法與工具

第七節　解夢錯誤的風險：迷信還是過度解釋？

解夢有錯嗎？為什麼要小心？

夢境原本是內在的經驗，但一旦進入「解釋」階段，就牽涉到詮釋者的知識、信仰與方法。若解夢方式過於武斷、片面或誤導，可能導致錯誤判斷、自我誤解，甚至影響人生抉擇。尤其當夢被視為「預兆」、「神諭」、「潛意識的命令」，錯解夢境可能造成不必要的焦慮、恐慌，甚至迷信依賴。

第一種風險：對號入座的過度解釋

夢境是充滿象徵的語言，但不是每個象徵都有一致的含義。例如夢見水，可能代表情緒、流動、財富、危險，也可能什麼都不代表，只是剛好那天膀胱壓力大。

當我們急於從夢中找答案時，容易套用「標準模板」或「查表」結果，忽略夢與現實生活的複雜關連。例如：

・夢見蛇就說自己被小人纏上；
・夢見牙齒掉就焦慮家人出事；
・夢見墜落就認為人生即將失控。

這類對號入座式解夢，忽略了夢的個人化與情緒背景，反而可能強化焦慮、誤導判斷。

第二種風險：解夢迷信化，交出判斷主權

特別是在東方傳統中，夢境常被視為神明託示或祖先訊息，因此解夢容易走向「問外人」的路線。道士、命理師，甚至是隨意的解夢網站都成為了許多人依賴的權威。

這本身無可厚非，但是問題在於：

・有些人將人生決策完全寄託於解夢結果；

・當夢的解釋帶有恐嚇性質（如「夢見血就會破財」），反而引發恐慌行為；

・部分不良業者利用夢象操控情緒，進一步推銷商品或服務（如開運產品、轉運儀式）。

過度依賴外部權威解夢，等於讓他人決定你的情緒與行動，而非回到自身判斷與覺察。

第三種風險：心理過度投射與自我誤診

在西方心理分析脈絡中，解夢也可能出現另一種風險：過度內化。也就是將夢象當作潛意識全部的反映，從而過度分析自己的每個想法與行為。

例如：

・有人夢見黑暗房間，就斷言自己壓抑創傷未解；

・夢見異性親密，就自責自己有隱性出軌傾向；

・夢見死亡，就恐懼生命即將結束。

這種過度心理投射，可能讓人陷入「病態解釋」，將一切夢境都視為症狀，無法以健康角度看待夢的自然流動與象徵彈性。

第九章　怎麼解夢？東西方的方法與工具

解夢的健康原則：參考、不依賴；理解、不裁決

正確的解夢方式，應該有幾個原則：

・夢象不是指令，而是邀請：夢讓你思考，不是強迫你服從。

・解釋不是絕對，而是可能：解釋要留白，夢有多重解釋空間。

・夢境來自你，也應回到你自身：他人可引導，但你才是主解者。

・不以夢主導行動，而以夢輔助理解：夢可以是訊號，但不該替你做決定。

夢值得我們理解，但是不應該讓我們失去主導權。當夢被誤解為唯一指令或命運密碼時，它就失去了原本的彈性與啟發。

真正的解夢，不是「解出結果」，而是「打開對話」。與其問「夢代表什麼」，不如問「這個夢讓我感受到什麼、想起什麼、想做什麼」。這樣，夢才能真正成為我們生活的夥伴，而非影響我們情緒因素。

第八節　哪些夢該解，哪些夢該放過？

每個夢都值得解嗎？

夢，每天都在發生，有些清晰，有些模糊，有些讓人心神不寧，有些醒來就忘了。但面對夢，我們真的需要每個都認真解釋嗎？事實上，夢就像雲，有的只是情緒流動的自然現象，有的才是要你停下來觀看的訊號。關鍵不是夢有沒有意義，而是「這個夢對你來說重要嗎？」

哪些夢「該解」？

以下幾種類型的夢，特別值得我們停下來好好看看：

1. 反覆出現的夢

這類夢往往代表某種未解的情緒、壓力或議題一直在內心徘徊。例如：

・一再夢見自己遲到或趕不上車；

・重複出現同一場景、同一角色，甚至是同樣的對白。

反覆的夢是潛意識試圖「敲門」，直到你願意面對為止。

2. 情緒強烈、醒來仍心有餘悸的夢

不管夢的內容是什麼，只要你醒來後感到強烈恐懼、悲傷、懷念或激動，那就值得關注。這種夢多半與最近的壓力、未表達的情感或潛在需求有關。

3. 特別清晰、具象徵感的夢

有些夢像是電影，細節完整，畫面鮮明。尤其是出現明確象徵物（如火、水、橋、門、動物等）或出現「轉折感」的情節時，通常內含心理訊息。

第九章　怎麼解夢？東西方的方法與工具

4. 夢中出現特定人物或已故親人

當夢境與重要他人有關（特別是已逝者），可能是情感未竟之事、心理懷念的反映，或是一種內在對話的需求。

5. 做夢後想要記下來或分享的直覺

有些夢你醒來後會自然想寫下來、分享給人聽，這本身就是潛意識在告訴你：「這個夢有東西要你看。」

哪些夢「可以放過」？

1. 無邏輯、跳躍性高的片段夢

例如夢中從教室跳到外太空、突然變成一隻狗又變回人，整體沒有主軸，也不帶有明顯情緒，這可能只是大腦在整理記憶的隨機產物，不需要過度解釋。

2. 跟生理狀況有關的夢

像是：

・太冷夢見自己泡在冰水裡；

・肚子餓夢見在吃大餐；

・膀胱壓力大夢見找不到廁所。

這些夢和生理狀態直接連動，是身體的自然反應，不需要從心理層面去解讀。

3. 僅受媒體刺激影響的夢

如果你睡前剛看完恐怖片、新聞災難報導，夢中就出現相關劇情，很可能只是大腦在消化當日資訊。除非夢中出現個人投射，否則可略過不理。

4. 完全遺忘、無法回想的夢

醒來只記得「我好像有作夢」，但一點細節都沒留下，這類夢難以分析也無從對話，不必強行補記。

不是每個夢都要解，也不是每個夢都有隱藏訊息。夢與人一樣，有的只是路過你腦海的旅人，有的才是叩門而來的朋友。你不需要抓住每個夢，只要學會辨認哪些夢對你來說「有感」，那些才是你該與之對話的對象。

如何培養辨別力？

- 寫夢日誌：記錄後你會慢慢看出重複主題與個人夢象。
- 觀察情緒線索：不是畫面有多特別，而是情緒波動是否強烈。
- 對照生活狀態：最近是否有重大事件、壓力、關係變化等。
- 練習問夢問題：像是「這個夢讓我想到什麼？我現在需要什麼？」

這些練習會讓你更快分辨「值得解」與「可以放過」的夢。

有些夢是來提醒你什麼，有些夢只是陪你度過夜裡的旅程。學會判斷，就是給予自己一種更自在的心靈空間。

第九章　怎麼解夢？東西方的方法與工具

第九節　夢解析是否可以「準確」？

解夢準確嗎？還是只是心理投射？

很多人問：夢到底能不能「準確地解釋」？這個問題其實涉及一個前提 —— 我們怎麼定義「準確」？是指能夠預測未來、揭露潛意識、還是對照現實生活狀況做出清楚說明？

如果你期待夢能像 GPS 一樣給出明確路徑，那麼解夢注定會讓你失望。但如果你把夢解析當作「探索自我」、「開啟對話」、「觸發理解」的過程，那它的價值，就不需要靠「準確率」來衡量。

「準確」這件事本身就有文化偏誤

在東方，夢的「準確性」通常是指能不能「應驗」：

・夢見蛇，隔天中樂透，覺得夢很準；

・夢見祖先來託夢，結果真的有事發生，也會說「準」。

這是將夢視為超自然通道、命運提示的角度。

而在西方心理學中，夢的「準確」指的是是否能揭示內心狀態：

・一個人在焦慮期夢見飛機墜毀，心理師認為這是對失控感的反映，

・一個長期自我要求過高的人夢見自己考試考不及格，也被視為潛意識壓力的真實呈現。

這樣的解析不一定「驗證」什麼，但卻能幫助人更理解自己，這就是它的「功能性準確」。

解夢有「標準答案」嗎？

夢不是數學題，沒有標準答案。就算出現相同的夢象，也可能代表不同含義：

- 夢見海洋：對水手是熟悉環境，對旱鴨子是恐懼來源；
- 夢見母親：可能是溫暖的回憶，也可能是壓力來源；
- 夢見迷路：可能象徵人生困境，也可能只是身體缺乏方向感。

準確與否，與其說是夢本身的問題，不如說是解讀者能不能從中提煉出對夢者「當下有幫助的理解」。

解夢是一種主觀協作歷程

從心理學角度來看，夢解析是一種「共同建構意義」的歷程。心理師引導夢者自由聯想、回顧生活脈絡、探索情緒感受，並非把「標準答案」丟給你，而是與你一起尋找可能意義。

這種解釋方式的「準確」，是看它能不能讓你產生回響、感覺被說中，或是打開一個新的看法。

你可以用以下幾個角度判斷解夢是否「有效」而非「正確」：

- 情緒共鳴：解析後你是否感到被理解、被觸動？
- 行為引導：解析後你是否更願意面對問題或改變行動？
- 內在梳理：解析是否幫助你釐清模糊的感覺與記憶？
- 象徵再生：是否讓你用不同視角看待夢象與生活事件？

這些判斷標準，比單純問「解得準不準」，更有意義。

第九章　怎麼解夢？東西方的方法與工具

解夢工具與人的差異：關鍵在對話深度

現在有許多夢解析網站、書籍字典提供「夢象對應表」，雖然方便，但也容易讓人誤以為夢有固定解法。

真正有價值的解夢，在於是否有人陪你「看見自己」。這也是為什麼心理諮商中解夢需要透過對話，而不是直接給出答案。

很多人一聽到「這夢不是壞事」、「只是象徵」就放下心，這種放鬆與釋懷，就是夢解析的力量。

因此，「準確」並不是全有全無，而是你與夢之間是否產生了意義連結。夢沒有正確答案，但有適合你的說法。那個說法，也許就是你此刻所需要的真實。

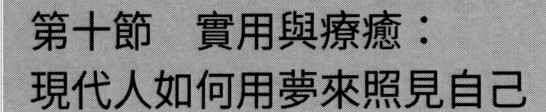

第十節　實用與療癒：現代人如何用夢來照見自己

夢，除了被解釋，還能怎麼用？

對許多人來說，夢一直被當作神祕、模糊的現象。不是迷信的符號，就是潛意識的片段，但很少人真正想過：「夢能不能成為一種實用的工具？」

事實上，現代心理學、藝術創作與生活實踐中，夢正被越來越多地用來作為「看見自己」的方式，被主動拿來使用、發展、療癒與轉化。

心理療癒：夢是情緒的安全出口

在心理治療中，夢是一種無需偽裝的情緒出口。你白天壓抑的、不願面對的、沒能說出的，可能會在夢中換一種形式「說話」。

例如：

・焦慮的人夢見自己一直趕不上車，象徵生活節奏壓力；

・憂鬱者夢見無邊黑夜或空蕩房間，暗示情感空虛；

・有創傷者夢見同樣的場景重複上演，是腦部重建與情緒釋放的過程。

治療師會鼓勵當事人記錄夢境、回顧感受，並從中發現自己當下真正的心理需求。

第九章　怎麼解夢？東西方的方法與工具

日常生活：夢是壓力雷達與創意來源

有些夢不需專家也能提供實用價值，它們會提醒你注意狀態變化。

例如：

‧ 夢中總是在趕路，可能代表你該休息；

‧ 夢見房子漏水，可能反映內心焦慮或邊界失守；

‧ 常夢見找不到東西，可能與責任壓力與失序感有關。

記錄這些夢象，能讓你比他人更早察覺自己正處於壓力、疲憊或轉折期，進而調整節奏、改變選擇。

同時，許多創作者、發明家、音樂人也習慣「夢中取材」：

‧ 比如薩爾瓦多・達利（Salvador Dali）的超現實畫作就源自清醒夢狀態；

‧ 導演詹姆斯・卡麥隆（James Cameron）曾在夢中看見金屬骷髏從火中爬出，這個畫面成為《魔鬼終結者》（The Terminator）的核心靈感來源；

‧ 芭蕾舞者兼編舞家瑪莎・葛蘭姆（Martha Graham）則曾表示她許多舞蹈動作靈感來自夢境中的身體感覺與動勢，轉化為她現代舞的重要素材。

夢的超邏輯與意象連結，提供了創造力的溫床。

自我探索：夢是潛意識的信箱

當代許多自我成長取向的實務，也強調「與夢對話」的重要性。夢提供的是一種比清醒更誠實的語言，它會把我們內心的未解議題、未完成情緒，甚至未曾承認的渴望包裝成畫面送來。

透過夢日誌、自我問答、藝術創作（如畫夢、寫夢詩），我們可以：

- 看見自己慣常逃避的主題；
- 發現正在成形的內在聲音；
- 練習站在旁觀者角度觀察自己的反應。

這是一種「與自己內在對話」的方式。

清醒夢：實驗自我的空間

清醒夢（Lucid Dream）作為一種半意識狀態的夢型，更進一步提供「操夢」的可能。在這種夢中，你能意識到自己在作夢，並可以主動改變情節，例如：

- 從不斷逃跑的夢變成面對追逐者；
- 主動與已逝親人對話，完成心願；
- 進入特定場景進行想像訓練、挑戰恐懼。

有些治療性介入甚至會設計「夢中劇場」，讓夢者在夢中練習勇敢、說出心事，甚至是改寫記憶。

信仰實踐：夢作為神聖交流場所

即便是非宗教性讀者，也可以從夢的「神聖性格」中看見療癒功能。

在東方，許多信仰如佛教、道教、民間信仰將夢視為神靈、祖先與個人之間的溝通管道；在西方，基督教、原住民文化、神祕學傳統也都保留夢作為「內在靈性反應」的途徑。

這些夢未必一定是所謂神蹟，卻能讓人在心理層面建立一種「被看見」、「被回應」的經驗。這種經驗本身就是療癒的基礎。

第九章　怎麼解夢？東西方的方法與工具

如何開始運用夢來照見自己？

- 記錄夢境：每日醒來花 2 分鐘記下夢的片段或感受。
- 建立夢象資料庫：認識自己常出現的象徵物，建立個人夢語典。
- 定期回顧：每週翻閱夢日誌，看是否出現重複主題或情緒。
- 進行創作：用畫、詩、文字或角色扮演來轉化夢象。
- 與可信任對象分享：透過講述夢，得到新的理解回饋。

夢讓你更靠近答案

現代人面對多重壓力與資訊雜訊時，夢是一種提醒與鏡像。比起被「破解」，它更需要被「傾聽」。

夢的療癒功能在於「喚起」了什麼。只要你願意看見、願意接受，夢就能成為你走向自我理解、情緒整合與靈魂穩定的夥伴。

第十章
夢的價值：命運、療癒與自我認識

第十章　夢的價值：命運、療癒與自我認識

第一節　預知夢：誰信？誰不信？

夢真的可以預言未來嗎？

　　預知夢（precognitive dream）這個詞，一直讓人既著迷又懷疑。人們之所以會對預知夢產生興趣，是因為我們希望預測未來、避免災難，或尋找命運的提示。這類夢最常見的形式是：夢中出現某事件、對話或場景，後來在現實中以相似方式發生，讓人產生「夢應驗了」的印象。

　　但夢真的是預言未來？還是只是巧合、潛意識記憶或選擇性解釋？這問題的答案，常取決於一個人的信仰背景、思考風格與文化語境。

誰比較相信預知夢？

　　東方信仰文化中，預知夢是天人感應。

　　在道教、佛教與民間信仰中，預知夢是一種再自然不過的現象。像《周公解夢》、《敦煌本夢書》就記載許多與夢兆相關的吉凶判斷。例如：

・夢見洪水，表示有大事發生；

・夢見穿孝服，反而是升官之兆；

　　在這個框架下，預知夢是一種天地與人之間的交流形式，是命運透過夢境的提前示警或鼓勵。尤其當夢境關係到亡者、神明或家族儀式時，更容易被賦予預知意義。

西方靈性主義與原住民文化：夢作為通靈管道

　　在西方，也有不少群體相信預知夢，如神祕主義者、新紀元運動參與者、以及許多原住民文化。

- 美國霍皮族、加拿大克里族都認為夢是預知未來的方式；
- 西方神祕學家在個案研究中也記錄夢境先於事件發生，例如有病人夢見某建築物倒塌，數週後該建築真的毀損等。

這些例子被用來佐證夢可能「捕捉到」尚未發生的資訊，或感知到潛藏於現實下的風險與趨勢。

哪些人不太相信預知夢？

- 科學實證主義者與大多數心理學研究者持保留態度。他們認為所謂預知夢可能是「選擇性記憶」：我們只記住夢中與現實吻合的部分，遺忘了其他沒應驗的夢。
- 也有研究指出，人在睡眠中會自發組合記憶與情境，因此有時夢境內容只是「未意識到的邏輯推理」，不是真的預言。
- 腦神經科學家強調夢的生成與記憶統整、情緒清理有關，不涉及「未來資訊」的接收。

預知夢真實案例的挑戰

許多聲稱有預知夢的故事都來自口述經驗，很少有嚴格科學紀錄。

- 比如有母親夢見孩子溺水，隔天真的發生事故，這會讓人相信「夢有警示性」。但統計學上，若全球數百萬人每天都作夢，總會有人夢到事件與現實巧合。

真實難度在於「能否在夢發生當下就記錄」，並且預先公開，才可能作為可驗證的預知夢證據。

第十章　夢的價值：命運、療癒與自我認識

現代應對：夢作為「趨勢提示」而非預言

即使不相信夢能預知未來，我們仍可以尊重夢在提示潛意識感知與生活壓力上的功能。比如：

・一位員工連續夢見公司崩塌，雖非真的地震，但可能暗示他察覺到組織氛圍緊繃；

・夢見朋友離去，可能是內心正在處理關係變動的預期與焦慮。

夢的象徵往往比字面還誠實，它不一定是預知，也可能是「提前整理出你尚未直面的感覺」，這種「預感式夢境」也具備實際功能。

信不信預知夢，往往是人生觀與世界觀的選擇。有些人相信宇宙會用夢提醒我們什麼；也有人認為夢只是大腦晚上的編輯系統。

無論哪種立場，重要的是：夢的內容值得我們觀察、記錄與反思。與其爭論它是否有預言功能，不如反問：「這個夢是否說出了我目前最需要注意的事？」這樣，夢就會成為你與未來之間，一種實用又深刻的對話。

第二節　夢是否能改變命運？

夢會不會成為命運的轉折點？

從古至今，夢一直被人寄託著某種命運暗示或人生轉機的期待。在故事、宗教、歷史紀錄中，我們常看到「一夢驚醒，從此人生大不同」的情節。那麼，在現實中，夢是否真的有可能改變一個人的命運？它又是如何在不同文化與心理視角中，扮演改變命運的可能角色？

東方：夢作為命運啟示的啟動器

在東方傳統觀念中，夢被視為命運的一環，是天意流轉、人運浮沉的訊號。

在這樣的系統裡，夢是「揭命」、「應命」的媒介。人能否改命，端看是否能讀懂夢的提示並採取正確行動。

道教與民間信仰中，許多儀式如「補夢」、「解夢改運」等，都是基於這個邏輯：透過理解夢境，調整行為、修補陰陽、扭轉運勢。

西方：夢作為心靈轉化的關鍵點

在西方心理學，特別是榮格學派中，夢的價值不是來自預測命運，而是改變個體生命方向的潛力。

・榮格稱夢是「心理自我修復機制」，在夢中，人面對潛意識的召喚與原型象徵，若能覺察，就可能踏上一條不同的人格成長之路。

比如一位陷入工作焦慮的男性，夢見自己穿著破鞋走在泥濘中，若

第十章　夢的價值：命運、療癒與自我認識

經夢的剖析後，他決定辭職轉向心靈相關領域，那這個夢就等同於命運轉捩點的「心理催化劑」。

夢不能改變命運本身，但能改變「如何看待命運」，從而轉換路徑，這也是一種深層次的命運改寫。

真實案例：一場夢導向的選擇

現代真實例子中，也不乏人因夢而改變生命進程。例如：

・一位社工師，長期對工作倦怠，但礙於責任無法離職。某夜夢見自己站在病房門口，對著裡面的病人說：「對不起，我沒有幫到你。」醒來後淚流滿面，隔日遞出辭呈，轉而投入諮商領域。

・一位藝術家夢見自己畫作被焚毀，從中意識到對創作的恐懼源自童年被貶抑的經驗，於是重拾畫筆，並開展全新風格。

這些夢不一定帶來財富與名聲，但的確改變了他們與自己人生的關係。

命運的兩種定義：事件 vs 心態

「命運」一詞，其實可拆成兩種層面：

・外在事件的結果：是否升職、是否結婚、是否出事。

・內在對生命的態度：是否感到被困、是否選擇行動、是否從中學習。

從第一種角度來看，夢可能無法直接影響現實世界的安排。但是從第二種角度來看，夢若能改變你面對生活的方式與選擇，就等於你正在「改寫命運」。

當人處於猶豫、卡關、看不見未來的狀態時，夢可能成為「替代視角」或「直覺導向」。它提供的是內在引導。許多創業家、藝術家、思想家都有這樣的經驗：某個夢讓他們放下舊模式，勇敢踏出第一步。

這種由夢啟動的轉變，不只是選項上的改變，更是生命方向與價值感的更新。

小心「夢是唯一解方」的誤解

然而，也有一些人過度依賴夢來「指引命運」，結果反而失去主體性：

・什麼事都等夢來決定；

・不採取行動，只等待「好夢出現」；

・將一切責任推給夢兆的判斷。

這種做法反而削弱夢的力量，因為夢本質上是內在的回應，不是外部的命令。

夢不改命，但可以改人

夢像是一盞燈，照亮你正走的路與你內心真正想走的路之間的差距。當你開始理解夢、面對夢、回應夢，你的選擇可能會改變，而這些選擇，就是改變命運的開端。

所以，夢不是「改命」的工具，而是「覺醒」的起點。能不能改變命運，重點不在於夢，而在於你是否聽見夢的話，並願意行動。

第十章　夢的價值：命運、療癒與自我認識

第三節　精神療癒與潛意識整合：不同路線

夢是自我療癒的可能出路？

夢常被視為一種內在的心靈鏡像，映照著我們未能清楚意識的情緒與經驗。在心理學與文化實踐中，夢不僅具有象徵功能，更被當作潛意識進行「自我修復」的重要工具。不同文化與理論體系，對於夢如何進行精神療癒與內在整合，提出了不同的觀點與操作方式。

西方心理路線：以潛意識為基礎的整合

從佛洛伊德開始，夢被認為是「壓抑欲望」，是潛意識釋放內部張力的管道。他認為夢中常出現的象徵，能幫助解析深層的情緒衝突。

榮格則進一步提出「夢是自我調節的自然過程」，協助人整合意識與潛意識間的落差。他將夢視為促進「個體化」的途徑，意即讓人逐步實現完整的自我。夢中的角色與場景，都是內在心理原型的展現，例如「影子」代表被壓抑的部分、「智者」象徵潛在智慧。「與夢合作」在榮格學派中是一種長期進行的內在工作方式。

現代心理治療如完形治療法（Gestalt therapy）、情緒焦點治療（EFT）亦會使用夢工作技巧，引導當事人將夢境中的角色轉化為現實對話對象，進一步感受未釋放的情緒。例如讓夢者與夢中出現的父親「對話」，釋放被壓抑的恐懼與期望，從而達到內在釋懷與自我整合。

東方療癒觀：身心與天地共構的夢意詮釋

東方文化則較少強調個體潛意識的功能，而是從「人與天地自然」的關係出發，將夢視為氣場失衡、陰陽不調的反映。

在《黃帝內經》與道教典籍中，夢常被視為五臟六腑之氣變動所致，這種系統讓夢成為身體診斷的一部分，也開啟了夢與身心療癒之間的連結。

此外，道教強調「夢修」——透過夢境中的修煉、感悟或神靈對話來提升心性與道力。在某些派別中，夢中的神諭或象徵不只是預示，更是修行進程的反映。

佛教中也有「夢觀」的概念，認為夢能幫助人看清「我執」、破除實相錯覺。某些禪宗公案中，弟子透過夢中體悟頓悟之道，進入更深層的覺察狀態。

文化對照：內視與外應的兩種療癒模式

・西方夢療強調內視，從自我內在找出矛盾與衝突的來源，強調「個體中心」的調和。

・東方夢療偏向外應，從天地自然與倫理結構尋找失衡原因，講究「順應天理」與「身心氣和」。

前者重視心理層次的整合，後者重視氣與命的調整。

現代交會：整合式夢療的可能發展

隨著東西方交流加深，許多心理治療師與文化研究者嘗試將兩者結合。例如：

第十章　夢的價值：命運、療癒與自我認識

・使用榮格式夢象分析結合中醫體質判斷；

・在夢日誌中加入「今日身體感受與夢境關連」的欄位；

・運用傳統宗教儀式中的夢解作為心理輔助歷程。

這些方式讓夢不只是被「分析」，也能被「感受」與「實踐」。

夢是一面鏡子。它反映的不只是你內心的故事，也可能是身體的訊號、信仰的回應，或是潛意識在夜裡對你的提醒。

第四節　東方用夢判吉凶，西方用夢看內傷

同樣是夢，為什麼兩邊看法差那麼多？

夢，是全人類共有的現象，但對夢的詮釋卻呈現高度文化差異。東方常將夢當成命運吉凶的訊號，而西方則傾向視為心理狀態的投影。這樣的分野，不只是詮釋風格不同，更透露出兩種文明對「未來」、「內在」、「行動」三者關係的根本理解差異。

東方夢觀：象徵吉凶、預示命運

在東方，特別是中國文化系統中，夢被視為「外在天命」對個人的提示，用大量象徵物來歸納夢兆。

這些象徵是「自然界與人之間的感應」，因此東方解夢的核心在於「對照與比附」，重視查表與符號對應，而非內在情緒。

更進一步，道教、民俗信仰也常用夢來判斷是否需要做儀式補運、還願或轉化氣場，顯示夢與神靈、祖先、風水之間有密切的互動。夢是一種「外部回應機制」，也是順應宇宙之道的一部分。

西方夢觀：理解情緒、回應內傷

與東方不同，西方特別是受精神分析影響的文化中，夢被視為「內在心靈」的訊號。它不告訴你會發生什麼，而是揭示你正在經歷什麼。

因此西方解夢不重視「象徵等於什麼」這類固定意義，而是重視「這個夢象對這個人，現在代表什麼」。每一個象徵要結合個體經驗與情緒背景解釋，才能「對準人心」。

第十章　夢的價值：命運、療癒與自我認識

判吉凶 vs 看內傷：功能上的差異

面向	東方	西方
重點	外部預示	內在感受
象徵解讀	固定象徵庫對照	個人聯想與心理脈絡
功能	判吉凶、決定行動	理解創傷、調節情緒
運用方式	查表、找師父	自我探索、心理諮商

這使得兩種解夢系統各有長處：

・東方強調夢與命理、風水、祖靈相通，幫助人在現實行動上做出選擇；

・西方則重視夢的心理功能，幫助人認識內在壓力與未處理的情感。

可交集嗎？一個夢的兩種讀法

實務上，一個夢可能同時具備吉凶象徵與心理意涵。例如：

・某人夢見自己掉進井裡，東方可能解釋為「運勢下沉、需小心破財」；

・西方則可能解釋為「陷入情緒低谷或潛意識深層正在呼救」。

若此人最近經歷重大失落，那麼西方解釋較具針對性；若此人剛開始新事業，東方解釋能提供外部調整建議。兩者互補，而非排斥。

解夢如同翻譯，而文化決定了我們選擇使用哪種語法。東方用夢來判未來、調整外部行動；西方用夢來看內在、整理心理地圖。

真正重要的不是哪邊正確，而是「這個夢的解釋，對你現在的處境有幫助嗎？」若能這樣看待夢，我們就能兼容兩種傳統，用夢作為通往自我覺察與生活實踐的橋梁。

第五節　夢能幫我們做決定嗎？

決定，來自理性還是直覺？夢有沒有話語權？

人每天都要做無數個決定，從早餐吃什麼到是否辭職、結婚、搬家，而夢，常常在重大抉擇前夕出現。有人夢中看到「預示性的答案」，有人則在夢醒後「忽然明白」該怎麼選。夢到底能不能幫我們做決定？

夢如何影響選擇？

夢之所以會影響決策，是因為它打開了意識無法處理的層次。在夢裡，理性不再主導，潛意識的感受、恐懼、渴望會以象徵方式浮現。

例如：

・有人夢見自己穿著不合腳的鞋參加婚禮，醒來後決定取消一場未感安心的婚姻；

・有人夢見不斷錯過火車，醒來後理解自己其實對升遷機會感到排斥；

・有人夢見回到兒時老家，在夢中哭泣，從中意識到自己需要的是「穩定」而不是「冒險」。

這些夢沒有提供行動指令，它們讓人「看見自己真實的狀態」，進而做出更貼近內在的選擇。

第十章　夢的價值：命運、療癒與自我認識

東方的「夢決策」：信神意，順天命

東方傳統對夢的信任，不少來自宗教與命理系統。例如：

・商代卜夢制度，國王透過占夢選擇戰爭時機；

・民間習俗中，也常聽說「夢到觀音託夢」、「夢中祖先給指示」這類說法。

在這樣的文化中，夢被視為來自神靈或祖先的「決策引導」，尤其在無法掌控的未知情境中，人們願意相信夢提供的答案勝過邏輯推理。

西方的「夢指引」：內在導航，不是命令

西方心理學不把夢當作神的語言，而是視為「內在協商平臺」。

榮格強調夢中的象徵常代表「被壓抑的立場」，它們提醒我們：某個情感需求或價值觀正在被忽略。透過解夢，我們能讓決策不再只是理性清單，也納入那些模糊但真實的情緒動力。

夢可作為「價值澄清」的工具，例如：

・夢見自己被關在狹小空間，或許在告訴你現狀太壓抑；

・夢見海洋與飛翔，可能暗示你內心渴望自由；

・夢見重逢與擁抱，可能表示你內在更渴望歸屬而非獨立。

這些象徵能幫助人整合內心矛盾，做出「心理上不會後悔的選擇」。

真實案例分享

・一位美國教師猶豫是否轉職成心理師，夢見自己穿著教室制服卻站在山上對空氣講話。他醒來時強烈意識到：雖然教職安全，但他的內在渴望更靠近個人真實情感。幾年後，他成為專業諮商師。

第五節　夢能幫我們做決定嗎？

・某創業者，在公司轉型期連續夢見公司建築傾斜、電梯無法上樓，醒後決定停下擴張，改做財務重整。幾年後回顧，他認為「那個夢讓我做了心裡早就知道，但不敢做的決定」。

無論東方還是西方，夢都不該被當作「指令型」的決策工具。夢不能告訴你選 A 或 B，但它能讓你看見自己選擇背後的情感、恐懼、渴望與價值傾向。當你理解這些動因，你的選擇將更真誠、更完整。

如何讓夢成為決策助力？

・記錄重要夢境：當你面臨重大選擇時，持續記夢，有助觀察潛意識訊號；

・不急著解釋：給夢一些時間與生活互動，往往幾天後會浮現答案；

・找人對話：與可信任者或諮商師對話，能幫助你拆解夢的象徵與情緒；

・允許矛盾出現：夢常常不給「正解」，而是提醒你內在有矛盾尚未整合；

・最終由你決定：夢只是工具，決定還是由你下，而不是夢替你負責。

在這個資訊太多、選擇焦慮的時代，夢的價值不在給你「最正確的答案」，而在幫你沉澱、澄清、感受，讓你做出「對你來說最真實的選擇」。

第十章　夢的價值：命運、療癒與自我認識

第六節　創意來自夢？西方比較強調此面向

為什麼夢境常常成為創作靈感的源頭？

夢中充滿超現實、不合邏輯、跳躍式的場景，對創作者來說，這種「非線性意象」正好避開了理性與傳統思維的框架。西方文化中，有許多知名藝術家、科學家與作家都公開表示自己的靈感來自夢境，這也讓夢的創意功能備受矚目。

西方強調夢與創造力的關係

在西方，夢被視為通往創意潛能的重要途徑，心理學家與創意學研究者都認為夢境能刺激聯想力、解構僵化思維。

・佛洛伊德認為夢是壓抑欲望的象徵性表達，因此能接觸到「被社會壓抑」但仍有創造力的衝動；

・榮格則強調夢中的原型象徵是集體潛意識的表現，常能觸發人類共通的情感與創造力核心。

許多藝術與創作教育也會鼓勵學員記錄夢境，培養與非理性材料對話的能力。例如：

・視覺藝術課程中鼓勵學生根據夢畫畫；

・創意寫作訓練要求學員將夢境寫成故事或詩；

・設計思考中也會利用夢象來激發問題解法的多元可能。

第六節　創意來自夢？西方比較強調此面向

真實案例：夢中誕生的創作與發明

・英國作曲家保羅・麥卡尼（Paul McCartney）在夢中聽見〈*Yesterday*〉的旋律，醒來後迅速記下，成為流行音樂史上最廣為傳唱的作品之一。

・英國作家瑪莉・雪萊（Mary Shelley）曾說《科學怪人》(*Frankenstein*)靈感來自夢境中的恐怖畫面。

・美國化學家奧古斯特・凱庫勒（Friedrich Kekulé）夢見蛇咬自己尾巴而啟發苯環分子結構的理論。

這些例子顯示：夢不僅刺激感性創作，也有助於科學直覺與結構思維的突破。

為什麼西方特別強調這一面向？

西方現代性發展以理性、技術與實證為核心，因此人們更需要找到釋放想像與情感的出口。夢作為反邏輯與非意識的產物，恰好提供一條不受約束的創造性通道。

此外，個人主義與心理探索在西方文化中地位較高，夢的個人性、自主性和獨特性也正好契合「創作者個體化」的現代價值。

東方文化中的夢與創意：重視寓意與神啟

相比之下，東方傳統雖也存在夢與創作連結，但較常出現在宗教與文學寓言中。例如：

・唐代文人夢中遊仙、得詩；

・道家經典《莊子》也以夢為哲思根源，如「莊周夢蝶」。

第十章　夢的價值：命運、療癒與自我認識

但整體而言，東方對夢的創意功能較偏向「天啟式靈感」、「文學意境再現」，而非現代藝術或技術創新的推進工具。

當代融合：夢與創造力的全球性應用

在全球化與創意經濟興起之下，夢的創造力已不再只是西方特色，許多亞洲設計師、動畫導演、小說家也逐漸使用夢象作為創作核心。

例如：

・日本導演今敏（Kon Satoshi）在電影《紅辣椒》中大量使用夢境結構與象徵；

・漫畫家常透過夢日誌設定角色性格與劇情走向。

夢正在從私人記憶變成全球創意產業的重要養分。

如何讓夢成為創意來源？

・建立夢日誌：每天醒來記下夢中場景與情緒片段；

・轉化夢象：將夢中意象轉化為圖像、文字、設計原型；

・保持敘述模糊性：夢的創意來自其模糊與多義，不需一開始就要解釋清楚；

・進行「夢聯想練習」：挑選夢中一個細節，自由聯想與創作。

夢不是設計圖，也不是創作指南，但它是讓我們跳出邏輯習慣、進入感官流動與象徵自由的入口。西方文化或許更強調夢的創意潛能，但當代的你我，也可以學會用夢作為發想、實驗與情感想像的祕密基地。

第七節　做夢是不是一種社會行為？

做夢不是孤單的事？

我們常以為夢是個人夜裡的私密劇場，與他人無關，卻忽略了：人活在社會中，就連夢都可能受文化、家庭與群體經驗的影響。夢的內容、語言，都深深繫於我們所處的社會脈絡中。

社會如何影響夢的內容？

夢不只是腦的產物，它也是文化資訊的加工場。心理學家指出，我們的潛意識大量借用了社會既有的圖像、角色與情節。

例如：

・美國孩子常夢見超級英雄與學校考試；

・日本年輕人夢見地震與無臉人；

・臺灣人夢見公車追不到、廟會或祭祖。

這些都與日常社會經驗密切相關。

這些夢象是共同文化圖庫裡的元素。社會給了我們一套「可以夢見什麼」的範圍。

誰有權詮釋夢？

在許多文化中，夢的解釋權也受到社會結構影響。

・東方傳統中，夢常需請長輩、老師、道士或命理師解釋，這象徵權威主導；

第十章　夢的價值：命運、療癒與自我認識

- 在部落文化中，夢的分享與詮釋是一種集體活動；
- 而在現代都市中，人們常透過心理師、社群平臺或自我分析來詮釋夢，權力回到個人手中。

夢的社會性體現在：誰說得準？誰的說法被相信？這是文化與社會角色的投射。

夢的分享是一種社交行為？

在許多社會中，分享夢是一種交往形式。

- 親子之間，孩子常向父母說夢，反映信任與依附；
- 朋友之間，以夢開場可以進入深層話題；
- 甚至有情侶以「昨天我夢到你」作為情感暗示。

夢在這些互動中是一種「語言形式」，用來連結彼此情感與信任。

在社群媒體時代，夢更進一步被公開書寫、轉化為創作，甚至成為討論焦點。一則夢境貼文可能引發數百條回應，顯示夢具有「公共情緒勾連」的力量。

夢的內容反映社會焦慮

有些集體性夢境會在特殊時期大量出現，例如：

- 疫情初期，全球許多人夢見隔離、失控與口罩；
- 政治動盪時期，民眾夢見被追捕、黑暗空間、失聲；
- 經濟不穩時，夢見失業、無錢、漏水或掉牙的比例增加。

這些夢反映社會整體的情緒狀態，是一種「集體潛意識的溢出」。

精神分析的社會延伸：夢如何形塑群體認同？

　　榮格認為夢中象徵來自「集體潛意識」，這點在文化夢研究中被廣泛引用。也就是說，我們夢見的不只是自己，也是族群的故事。

　　‧某些原住民族會夢見動物、祖靈或神話角色，並據此安排年度儀式；

　　‧宗教團體中的夢會強化信仰，如夢見神佛、末日預兆等，進一步凝聚群體共識；

　　‧政治集團有時也會運用夢的語言來鼓動情緒，透過「夢想」、「願景」等詞彙，形塑集體認同。

　　做夢是一種個人經驗，也是一種社會現象。夢的語彙、圖像與情緒來自我們的文化背景與生活環境；夢的分享與解釋也牽涉到權力、關係與信任。

第十章　夢的價值：命運、療癒與自我認識

第八節　解夢是否建立文化身分認同？

解夢不只是問「夢代表什麼」，還是在問「我是誰」？

當一個人夢見特定的事物、感受或場景，並試圖去解釋它，這個過程不只是與潛意識的對話，也是與文化身分的對話。夢的詮釋方式、可用語彙與接受脈絡，其實全都來自你所處的文化世界。因此，解夢的同時，我們也在參與一種文化再生產的行為，鞏固「我是某個文化中的一分子」的認同感。

文化語言如何形塑解夢方式？

・在東方，夢被納入「吉凶系統」：夢見牙齒掉代表親人過世，夢見魚是財運象徵……這些象徵被長期流傳、彙編成冊。

・在西方，夢多被視為心理歷程的映射：掉牙象徵老化焦慮、權力流失或自信不穩。

雖然都是解釋同一夢象，但東西方給予的答案與意義，根本上源於不同的文化架構。接受這些解釋，某種程度上就是在接納某種文化身分。

解夢行為如何加強歸屬感？

・家庭與社群傳承：許多華人孩子從小就聽家人說「夢到某親戚來託夢」、「夢見穿白衣不好」等，這些敘事鞏固了家庭與祖先的連結，也形成了文化歸屬。

・宗教儀式中的解夢：如佛教夢觀、道教占夢，或基督徒解釋夢見耶穌、惡魔的意象，這些夢境詮釋方式強化了宗教身分與精神信仰。

・族群與傳統記憶延續：原住民族透過夢見圖騰、祖靈、狩獵場景等強化與族群歷史的連結，甚至影響部落決策與儀式安排。

解夢也會排除他者？

文化身分的建立，不僅是歸屬，也可能是排他：

・當某套解夢語言成為主流，其他詮釋方式可能被視為「迷信」、「不科學」、「異端」；

・現代心理學者有時忽略傳統夢觀的文化深度，視之為「非理性」；

・某些宗教團體對非信仰成員的夢象解釋抱持敵意。

這些現象反映了解夢行為同時在劃界。

全球化下的「文化混種解夢」現象

在今日的多元文化社會，越來越多人同時接受不同文化的解夢方式。例如：

・一位年輕人可能白天用佛洛伊德的方式理解夢、晚上跟阿嬤說「夢見蛇要發財」；

・有人在心理治療中談夢象，但也會回廟裡拜拜「怕夢成真」。

這種文化混雜的解夢實踐，讓個體在多元價值中游移，也創造了更彈性、開放的文化身分框架。

解夢，是一種文化自我認同的練習

當你選擇相信某個夢的解釋，其實不只是在找答案，而是在決定「我屬於哪種價值觀」。這可能是科學的、宗教的、民俗的，或是混合

第十章　夢的價值：命運、療癒與自我認識

的。這也是為什麼解夢常牽動人的深層信念與情緒，因為它不只在說夢，也在說「我是誰」。

夢不只是文化的附屬品，它本身就是文化表達的一種深層形式。解夢的方式反映出我們如何理解人生、命運、身體、關係與未來，也反映我們如何選擇相信誰、效忠什麼樣的價值系統。

因此，當我們在解夢，也正在重申自己所屬的文化身分。夢中的你，不只是夢者，更是文化敘事中的參與者。

第九節　不同人對夢的重視程度從何而來？

為什麼有些人把夢當真，有些人卻不屑一顧？

夢是每個人都會經歷的現象，但面對夢境，人們的態度卻大不相同。有些人會記錄夢、討論夢，甚至因夢做出決定；也有些人對夢嗤之以鼻，認為它毫無意義。這種差異與文化背景、成長經驗、教育方式、信仰體系乃至心理結構密切相關。

成長經驗：家中是否「相信夢」很關鍵

在一個家庭中，如果長輩常說「昨天我夢到你阿祖來了，要我們拜拜」、「夢見蛇是要中獎啦」，那麼小孩很自然會學習把夢當一回事；相反地，若成長過程中從未有人談夢，甚至把夢當胡說八道，那麼這個人也會比較傾向忽略夢的價值。

夢的重要性，往往是從語言的使用與家庭互動中習得的。

教育與專業訓練：理性與經驗主義影響看法

・受過科學教育或訓練的人，尤其是重視邏輯與實證的專業領域（如工程、醫學、法律等），常傾向視夢為「非理性產物」。

・心理、人文、藝術等領域的工作者則較願意保留夢的象徵性與創造性。

因此，你的專業背景與知識架構，也會影響你對夢的重視程度。

第十章　夢的價值：命運、療癒與自我認識

信仰與世界觀：夢的重要性由上帝、祖靈還是頭腦決定？

・宗教信仰者，尤其是道教、佛教、基督教、伊斯蘭教等，往往相信夢是神明或靈界傳遞訊息的管道，因而極為重視。

・無神論者或唯物論者，則傾向從生理或心理角度解釋夢，不賦予其超自然意義。

也就是說，「夢來自哪裡」的信念，深刻影響「夢值不值得聽」。

文化差異：集體主義與個人主義下的夢態度

・在集體主義較強的文化（如華人、韓國、印度），夢常被視為與家族、祖先、群體命運有關的「外部訊號」。

・在個人主義文化中（如美國、歐洲），夢則偏向個人心理狀態與自我探索的內在資料。

這也導致對夢的重視方式不同：一邊在意夢是否關乎整體運勢，另一邊在意夢能否幫助自我成長。

心理結構與創造力傾向：感受型 vs 思考型人格

根據 MBTI、九型人格等分類系統，傾向內省、感受豐富、富有想像力的人，更容易記得夢，並從夢中尋找線索。

而偏向分析與邏輯的人，則可能將夢視為雜訊或腦部排毒，不具備行動參考價值。

現實處境也會影響夢的「分量」

人在壓力大、遭遇變故、身心不穩定時，往往更容易記得夢，也更願意相信夢中有話要說。

・例如喪親者夢見亡者，多半賦予高度意義；

・職涯轉換、情感關係變動時，也常出現「決定性夢境」，被視為潛意識的提示。

而當人生活穩定、平靜時，夢的重要性相對降低，甚至被遺忘。

社群與資訊流通：現代人更容易被他人影響夢的價值

在社群平臺興盛的今天，夢不再只是「我自己」的事。你可能在 IG 上看到朋友說「昨晚夢到前任哭著道歉」，或者在 Reddit 的夢境論壇上閱讀陌生人的夢解析。

這些集體性與網絡化的夢分享，強化了某些夢的「重要性」，也可能讓原本不在意夢的人開始思考夢的意義。

重視夢的人不一定迷信，忽略夢的人也不一定理性

我們是否重視夢，其實反映了我們怎麼看待世界、自己與不可知的事物。夢的價值感來自經驗、信仰、文化與心理結構的交織。

理解別人為何重視或忽略夢，有助於我們更寬容地看待不同的夢態度──也讓我們有機會重新定義，夢對我而言，到底是什麼？

第十章　夢的價值：命運、療癒與自我認識

第十節
終章：夢是誰的語言？我們能不能聽懂它？

夢不是謎語

從古至今，夢一直被視為神祕、難解、私密的領域。有人把夢當成宇宙的密語，有人覺得它是大腦的雜訊。但在這本書的每一章節裡，我們看見了另一種可能 —— 夢是一種語言，只是它不像日常語言那樣有清晰的語法與邏輯。它說的話，藏在圖像、感覺、矛盾與重複中。

夢是誰的語言？這個問題可以有很多層答案。

夢是潛意識的語言

西方心理學告訴我們，夢是潛意識說話的方式。它用象徵包裝壓抑的欲望、創傷、未完成的情緒、成長中的課題。佛洛伊德說夢是「被壓抑的欲望的實現」，榮格則說夢是「內在自我調和的調整器」。夢不是預測未來的水晶球，而是自我理解的隱喻舞臺。

如果我們學會傾聽夢，也就是學會面對那些白天不敢看的內在部分。我們或許無法一眼看懂夢的每個含意，但只要開始跟它有意識地對話，就已經進入了自我療癒的過程。

夢是文化的語言

東方文化教我們，夢不只是個人的，它與祖先、天命、陰陽、吉凶、節氣、儀式密切相關。每一種夢象都可以在傳統文化中找到線索。

夢見蛇，是小人還是財運？夢見牙掉，是親人過世還是老化焦慮？

答案不一定，但我們使用的解釋語言，來自我們身處的文化。

夢透過我們所接受的解釋方式，建構了我們的身分、信仰與行動。解夢，也就成了一種文化認同的練習。

夢是關係的語言

你曾經夢到一個人，然後忍不住去找他嗎？你曾在夢裡吵架、擁抱、重逢、告別，醒來後對現實中的關係有了不同的想法嗎？夢，有時不只關乎你自己，更是你與他人的關係張力。

夢是你潛意識對別人說的話，也是你沒說出口但很想說的話。它不只有你自己的聲音，還可能有你母親的聲音、你前任的聲音、你兒時的聲音……。

學會解夢，也是在學習傾聽這些被埋藏的對話。

夢是身體的語言

中醫說夢來自五臟六腑的氣機失衡，現代神經科學也發現夢與大腦中與情緒、記憶、感官整合有關的區域密切相連。

焦慮的人夢境常混亂、壓迫；身體疼痛的人可能在夢中出現追趕、墜落、被壓住的感覺。

夢深深連結著我們的生理狀態。聽懂夢的語言，也可以是關照身體與心理的入口。

第十章　夢的價值：命運、療癒與自我認識

> 那麼，我們能不能聽懂夢？

我們可能無法完全「翻譯」夢，但我們可以學會與它對話。

・當你記下夢，等於對自己說「我願意聽你說話」。

・當你試著從夢中感受而非解釋，你進入了夢的語境。

・當你從不同文化、心理、生命歷程去讀夢，你不再用一種答案來壓縮夢的多義性，而是尊重它的模糊與開放。

聽懂夢，是開啟一種理解的態度。

夢是誰的語言？是你的，也是文化的、身體的、關係的、未來的。

我們聽不懂全部的夢，但只要願意聽，那就是我們開始更認識自己的開始。

第十節　終章：夢是誰的語言？我們能不能聽懂它？

東方夢，西方解：
看東西方如何解讀夢的訊號，從周公到佛洛伊德

作　　　者：周季元	國家圖書館出版品預行編目資料
發 行 人：黃振庭	
出 版 者：樂律文化事業有限公司	東方夢，西方解：看東西方如何解讀夢的訊號，從周公到佛洛伊德 / 周季元 著 . -- 第一版 . -- 臺北市：樂律文化事業有限公司 , 2025.08 面；　公分 POD 版 ISBN 978-626-7699-56-0(平裝) 1.CST: 夢 2.CST: 解夢 175.1　　　　　　114010643
發 行 者：崧博出版事業有限公司	
E - m a i l：sonbookservice@gmail.com	
粉 絲 頁：https://www.facebook.com/sonbookss	
網　　　址：https://sonbook.net/	
地　　　址：台北市中正區重慶南路一段61 號 8 樓 8F., No.61, Sec. 1, Chongqing S. Rd., Zhongzheng Dist., Taipei City 100, Taiwan	

電　　　話：(02)2370-3310
傳　　　真：(02)2388-1990
律師顧問：廣華律師事務所 張珮琦律師

─版 權 聲 明──────

本書作者使用 AI 協作，若有其他相關權利及授權需求請與本公司聯繫。
未經書面許可，不得複製、發行。

定　　　價：375 元
發行日期：2025 年 08 月第一版
◎本書以 POD 印製

電子書購買

爽讀 APP　　臉書